समकालीन उर्दू शायरी में आठवीं दहाई के दौरान जिन शायरों ने अपनी उल्लेखनीय उपस्थिति दर्ज करायी, उनमें महताब हैदर नक़वी का महत्वपूर्ण स्थान है।

एक सजग और संवेदनशील शायर के रूप में प्रतिष्ठित महताब हैदर नक़वी के शे'रों में मौजूदा दौर की आहट स्पष्ट सुनायी देती है । इनकी सहज अभिव्यक्ति किसी भी सहृदय पाठक को अपनी ओर आकृष्ट करने की क्षमता रखती है ।

**वही सब देखने के वास्ते आँखें हैं बाक़ी
कि जिनके बाद बीनाई का बिलकुल ख़ातमा है**

'हर तस्वीर अधूरी' महताब हैदर नकवी का देवनागरी में प्रकाशित होने वाला पहला संकलन है, जिसकी ग़ज़लें आज के बदले हुए जीवन मूल्यों को बड़ी मार्मिकता के साथ रेखांकित करती हैं ।

हर तस्वीर अधूरी

महताब हैदर नक़वी की ग़ज़लें

सम्पादक

सुरेश कुमार

डायमंड बुक्स

प्रकाशक : डायमंड पॉकेट बुक्स (प्रा.) लि.
X-30 ओखला इंडस्ट्रियल एरिया, फेज–II
नई दिल्ली – 110 020
फोन   : 011- 40712200
ई-मेल   : sales@dpb.in
वेबसाइट   : www.diamondbook.in

Har Tasvir Adhuri
By : Mehtab Haider Nakavi Ki Ghazalen
Edited By: Suresh Kumar

प्राक्कथन

समकालीन उर्दू शायरी में आठवीं दहाई के दौरान जिन शायरों ने अपनी उल्लेखनीय उपस्थिति दर्ज़ करायी, उनमें महताब हैदर नक़वी का महत्वपूर्ण स्थान है । यही नहीं उर्दू ग़ज़ल में नये प्रतिमान स्थापित करने की कोशिश करने वालों में इनका नाम बड़े भरोसे के साथ लिया जाता है ।

महताब हैदर नक़वी की ग़ज़लगो पीढ़ी के सामने जो रास्ता था, वह नासिर काज़मी का बनाया हुआ था, जिसे अहमद मुश्ताक़ से लेकर शहरयार तक ने और प्रशस्त किया । इस पीढ़ी के सामने यह चुनौती भी थी और दुविधा भी, कि वह इसी रास्ते पर चलते हुए इसे और सुगम बनाये या अपने लिए नयी पगडण्डियाँ तलाश करे । निश्चित रूप से इसी रास्ते पर चलते हुए नये रास्तों की तलाश या उनका निर्माण इस पीढ़ी का अभीष्ट है, जो कुछ दूर चलने के बाद छोटी-छोटी और पतली पगडण्डियों के रूप में इनकी शायरी में नज़र आता है ।

नक़वी की ग़ज़लों में मौजूदा दौर की आहट स्पष्ट सुनायी देती है । जिस दौर में हम जी रहे हैं, वह न सिर्फ़ मानव जाति के लिए बल्कि सम्पूर्ण जीवों और प्रकृति के लिए प्रतिकूलताओं का दौर है । एक संवेदनशील शायर जिसे लेकर चिन्तित भी है और आशंकित भी ।

हुजूम बढ़ता चला जा रहा है चारों तरफ़
भटक न जाएँ कहीं लोग आने-जाने में

वही सब देखने के वास्ते आँखें हैं बाक़ी
कि जिनके बाद बीनाई का बिलकुल ख़ातमा है

इस पीढ़ी को विरासत में जो मंज़र मिला है, उसमें इसे कोई रंग नज़र नहीं आता । इसे पता है कि इसके सामने भारी चुनौतियाँ हैं ।

हमारी नस्ल ने ऐसे में आँख खोली है
जहाँ पे कुछ नहीं बेरंग मंज़रों के सिवा

नक़वी की शायरी में आज के इन्सान की बेबसी भी साफ़ नज़र आती है ।

हर बार यही सोच के लौट आये हैं हम लोग
पानी में उतर जाते जो गिरदाब न होते

और फिर यह संतोष भी, कि ऐसी विषम परिस्थितियों में अपने अस्तित्व को बचाये रखना क्या कम बड़ी बात है ।

क्या कम है हम लोग अभी तक ज़िन्दा हैं
यूँ तो दरिया ने कितनी तुग़ियानी की

लेकिन सिर्फ़ ऐसा ही नहीं है, ज़िन्दगी को बेहतर बनाने के लिए जिन ख़्वाबों की ज़रूरत होती है, उन्हें देखने के लिए नक़वी एक वातावरण तैयार करने में लगे हैं । महज़ ख़्वाब देखना उनकी फ़ितरत में नहीं है, व्यावहारिक धरातल पर वे उन्हें हक़ीक़त में भी बदलना चाहते हैं । और उनकी यह कोशिश ग़ज़ल जैसी सर्वप्रिय और समृद्ध विधा में भी संभावनाओं के नये द्वार खोलने में सफल होगी ऐसा विश्वास है ।

ऐ हवा ! मैं चुन रहा हूँ रेत के ज़र्रे अभी
मेरी आँखों में कोई भी ख़्वाब का मंज़र नहीं

महताब हैदर नक़वी पिछले तीन दशकों से शे'र कह रहे हैं । इनके दो काव्य-संग्रह 'शब आहंग' (1988) और 'मावरा-ए-सुख़न' (2006) उर्दू में प्रकाशित हो चुके हैं । हिन्दी की अनेक प्रतिष्ठित पत्र-पत्रिकाओं में इनकी ग़ज़लें सम्मान के साथ प्रकाशित होती रही हैं । **हर तस्वीर अधूरी** देवनागरी में प्रकाशित होने वाला इनका पहला ग़ज़ल संग्रह है । मुझे यक़ीन है कि हिन्दी कविता के पाठकों को ये ग़ज़लें बेहद पसन्द आयेंगी और समकालीन उर्दू शायरी शृंखला के अंतर्गत प्रकाशित अन्य संकलनों की तरह वे इस कृति का भी भरपूर स्वागत करेंगे ।

सुरेश कुमार

सुनिज प्रकाशन
ज्वालापुरी, जी॰ टी॰ रोड, अलीगढ़-202001
सम्पर्क : (0571) 2760969
मोबाइल : 09997832816

अनुक्रम

●

समन्दरों के किनारों की रेत पर अब लोग
बनाएँ और कोई चीज़ भी घरों के सिवा

(1)

उसे भुलाये हुए   मुझको   इक ज़माना हुआ
कि अब तमाम   मेरे दर्द का   फ़साना हुआ

हुआ बदन मेरा दुश्मन,   अदू[1] हुई   मेरी रूह
मैं किसके दाम[2] में आया हवस निशाना हुआ

यही चिराग़ जो रोशन है   बुझ भी सकता था
भला हुआ कि   हवाओं का सामना न हुआ

कि जिसकी सुब्ह महकती थी, शाम रोशन थी
सुना है   वो दर-ए-दौलत   ग़रीब-ख़ाना हुआ

वो लोग खुश हैं   कि   वाबस्ता-ए-ज़माना[3] हैं
मैं मुतमइन[4] हूँ कि दर इसका मुझ पे वा[5] न हुआ

---

1. शत्रु 2. जाल 3. युग से सम्बद्ध 4. संतुष्ट 5. खुला हुआ

(2)

सुबह की पहली किरन पर   रात ने   हमला किया
और मैं   बैठा हुआ   सारा   समाँ   देखा किया

ऐ हवा ! दुनिया में बस तू ही   बुलन्दइक़बाल[1] है
तूने   सारे शहर पे   आसेब[2]   का   साया किया

इक सदा ऐसी   कि सारा   शहर   सन्नाटे में गुम
एक चिनगारी ने   सारे   शहर को   ठण्डा किया

कोई आँसू आँख की दहलीज़ पर रुक-सा गया
कोई मंज़र   अपने ऊपर   देर तक   रोया किया

वस्ल[3] की शब को दयार-ए-हिज़्र[4] तक सब छोड़ आए
काम अपने   रतजगों ने   ये बहुत   अच्छा किया

सबको इस मंज़र में अपनी   बेहिसी पर   फ़ख़्र है
किसने तेरा सामना   पागल हवा   कितना किया

---

1. तेजस्वी   2. प्रेत-बाधा   3. मिलन   4. विरह-स्थल

(3)

मुख़्तसर-सी[1] ज़िन्दगी में कितनी नादानी करे
इन नज़ारों को कोई देखे कि हैरानी करे

धूप में इन आबगीनों[2] को लिए फिरता हूँ मैं
कोई साया मेरे ख़्वाबों की निगहबानी करे

रात ऐसी चाहिए माँगे जो दिनभर का हिसाब
ख़्वाब ऐसा हो जो इन आँखों में वीरानी करे

एक मैं हूँ और दस्तक कितने दरवाज़ों पे दूँ
कितनी दहलीज़ों पे सज़्दा एक पेशानी[3] करे

साहिलों पर मैं खड़ा हूँ तिश्नाकामों[4] की तरह
कोई मौज-ए-आब[5] मेरी आँख को पानी करे

---

1. छोटी-सी 2. बहुत बारीक काँच की बोतलें 3. माथा 4. प्यासों 5. पानी की लहर

(4)

ज़मीं पे अहल-ए-हवस[1] ज़ोर आज़माते रहें
बिगाड़ते रहें वो, हम इसे बनाते रहें

हवाएँ आती रहें सू-ए-दश्त-ए-शब-बेदार[2]
चिराग़-ए-दर्द मगर हम यूँ ही जलाते रहें

हिकायत-ए-दिल-ए-सादा[3] यूँ ही तवील[4] रहे
बहार हो कि ख़िज़ाँ, मौसम आते-जाते रहें

यही कि अहद-ए-वफ़ा[5] टूटता-बिखरता रहे
हम आँसुओं से लहू की नदी बहाते रहें

ख़याल-ओ-ख़्वाब की ये खेतियाँ रहें शादाब[6]
बदन-सराब सभी को यूँ ही लुभाते रहें

मियान-ए-लफ़्ज़-ओ-मआनी[7] सुख़नवरी के सिवा
नयी ज़मीं पे मज़ामीन-ए-ताज़ा आते रहें

---

1. लोभी, लालची 2. जाग्रत रात्रि के जंगल की ओर 3. सरल हृदय की कथा 4. दीर्घ
5. निष्ठा का निश्चय 6. हरी-भरी 7. शब्द और अर्थ के मध्य

(5)

जो हम नज़ारा-ए-वह्म-ओ-गुमाँ¹ बनाते हैं
बिसात-ए-दिल² पे बहार-ओ-ख़िज़ाँ बनाते हैं

बना रहे हैं यही धूप-छाँव के मंज़र
कहीं पे आग कहीं पर धुआँ बनाते हैं

यही कि अब के भी हम लोग सुख़रू³ हो जायें
सो दास्तान-ए-वतन ख़ूँचकाँ⁴ बनाते हैं

ख़याल-ओ-ख़्वाब न हो जाए ये जहाँ कि चलें
कहीं पे गोशा-ए-अम्न-ओ-अमाँ⁵ बनाते हैं

यही सराब, यही वाहमा हमारा है
इसी ख़याल को हुस्न-ए-बयाँ बनाते हैं

किया है अहल-ए-सुख़न ने जिसे बहुत पामाल
उसी ज़मीन को हम आसमाँ बनाते हैं

---

1. भ्रम और कुधारणा के दृश्य 2. हृदय-तल 3. सफल, सम्मानित 4. जिसमें रक्त बह रहा हो 5. शांति और सुरक्षा का कोना

(6)

ज़िन्दगी क्या है बजुज़[1] वह्म-ओ-गुमाँ मेरे लिए
ये ज़मीं जब हो गयी बे-आसमाँ मेरे लिए

वो बदन-सहरा बढ़ा देता है पहले मेरी प्यास
और बन जाता है फिर आब-ए-रवाँ[2] मेरे लिए

मौसम-ए-दिल ने बिखेरे, दिल के बाहर अपने रंग
रंग-ए-गुल उसके लिए, रंग-ए-ख़िज़ाँ[3] मेरे लिए

शहर में लगती है, फिर इक रोज़ बुझ जाती है आग
छोड़ जाती है मगर सारा धुआँ मेरे लिए

उससे मिलने का समाँ, उससे बिछड़ने की घड़ी
और फिर कुछ भी नहीं, सूद-ओ-ज़ियाँ[4] मेरे लिए

---

1. अतिरिक्त 2. बहता हुआ पानी 3. पतझड़ का रंग 4. लाभ और हानि

(7)

सब बदस्तूर है किस बात का हम ज़िक्र करें
आओ ! अब लम्हा-ए-आइन्दा[1] को थोड़ा छेड़ें

दिल में इक दश्त-सा आबाद रहा करता है
और इक शहर किया करता है सांय-सांय

सोचते रहते हैं दुनिया तहोबाला[2] हो जाए
बैठकर फिर उसी नज़ारे का नौहा[3] लिखें

दिल कि सीने में समाता ही नहीं है अब के
सो तकाज़ा है कि अब बाब-ए-तमन्ना[4] खोलें

आओ फिर लौट चलें अपनी ज़मीनों की तरफ़
शाम होते ही परिन्दों की ज़बाँ में बोलें

---

1. आने वाला क्षण   2. अस्त-व्यस्त   3. शोक की कविता   4. अभिलाषा का द्वार

(8)

हसरत थी कभी जिसकी वो मंज़र नहीं आया
चलते ही रहे फिर भी कभी घर नहीं आया

मैं अपने गली-कूचों को   पहचान   रहा था
सबकुछ था, नज़र राह का   पत्थर नहीं आया

मैं कौन अलग था   कभी इन   बुलहवसों[1] से
हाँ – अर्ज़-ए-तमन्ना कभी लब पर नहीं आया

पुतली में कभी रंग-ए-शफ़क़ भर गया होगा
मंज़र कोई   आँखों में   सिमट कर नहीं आया

इक ख़्वाब जो महताब की किरनों से था मौसूम[2]
बनने में अभी तक   वही   पैकर[3] नहीं आया

------

1. लालचियों 2. नाम रखा हुआ 3. आकृति

(9)

बस कि इतना भी न दुनियादार होना चाहिए
कुछ न कुछ कार-ए-जुनूँ सरकार होना चाहिए

हम नहीं कहते कि ग़म की इतनी शिद्दत हो मगर
दीदा-ए-तर[1], दीदा-ए-ख़ूँबार[3] होना चाहिए

बेसबब ही इसको ग़म खाने की आदत पड़ गयी
दर्द दिल में है तो फिर आज़ार[4] होना चाहिए

दिल फ़रोग़-ए-जलवा-ए-दानिश[5] से डरता है बहुत
कोई हंगामा बपा ऐ यार होना चाहिए

यह नदामत-सी[6] है दिल में किसलिए ऐ कमसुख़न
शोर-ए-रुसवाई[7] सर-ए-बाज़ार होना चाहिए

बीती यादों का यहाँ पर आना-जाना बन्द हो
जिस जगह पर है, वहाँ दीवार होना चाहिए

---

1. उन्माद का कार्य 2. भीगी आँख 3. रक्त बरसाती आँख 4. दुख देने वाला 5. बुद्धि के प्रदर्शन की शोभा 6. लज्जा-सी 7. अपयश का कोलाहल

(10)

हिस्से में मेरे ये भूल रखना
इस दिल को ज़रा मलूल[1] रखना

कहती हैं हवाएँ इस बरस भी
शाख़ों पे न कोई फूल रखना

आते हैं वो देखो, दिन पुराने
दामन में सफ़र की धूल रखना

ये दिल है, कहीं बहल न जाए
फ़ुरक़त[2] को हमेशा तूल रखना

मौसम के बुलन्द हौसले हैं
चेहरे को हमेशा फूल रखना

सीखा है बदलते मौसमों से
बाक़ी न कोई उसूल रखना

---

1. उदास   2. वियोग

(11)

खून में डूबे हुए लश्कर का मंज़र ले चलूँ
या, यहाँ से एक मुट्ठी रेतभर कर ले चलूँ

आँख से ओझल हुआ चेहरा तो फिर कैसा लगा
सोचता हूँ डूबते सूरज का मंज़र ले चलूँ

शब के सन्नाटे में गूँजी एक बच्चे की सदा
शोख़ तितली का कोई टूटा हुआ पर ले चलूँ

फिर कोई नक़्शा नयी उफ़्ताद[1] का कल के लिए
अपने वीराने में इस बस्ती कें पैकर ले चलूँ

शाम के सहरा में छाई है उदासी की महक
ऐ हवा इन ख़ुशबुओं को किस तरह घर ले चलूँ

सारे मंज़र है जमाल-ए-यार[2] की तहवील[3] में
उसकी आँखों का कोई मंज़र चुराकर ले चलूँ

---

1. विपत्ति 2. मित्र का सौंदर्य 3. हस्तांतरित करना

(12)

किसी के   ख़्वाब से बाक़ी,   न बेदारी से क़ायम है
जहान-ए-दर्द[1],   बस मेरी   अदाकारी से   क़ायम है

ज़बाँ से कुछ नहीं कहते, सो दिल को हौल[2] आता है
कि ये शहर-ए-हवस[3] किसकी दिल-आज़ारी[4] से क़ायम है

जहाँ में   बेहुनर लोगों   को   कोई   कैसे समझाए
कि ये दुनिया अभी तक कार-ए-बेकारी से क़ायम है

ख़िज़ाँ के   गीत तो हम लोग कब से गाते आए हैं
फ़ना का ख़ौफ़ फिर किसकी जहाँदारी[5] से क़ायम है

रुख़-ए-महताब से   कुछ भी   अयाँ होता रहे   लेकिन
ये कारोबार-ए-दुनिया   सिर्फ़   अय्यारी से   क़ायम है

---

1. सांसारिक पीड़ा 2. भय 3. लालसा का नगर 4. कष्ट देना 5. शासन

(13)

रोशन   तेरे जमाल से   बीनाई[1]   हो गयी
ये   साअत-ए-विसाल[2]   हमेशाई   हो गयी

क्या देखने की   ताब अभी है   इधर-उधर
क्या चश्म-ए-गिरियानाक[3]   भी हरजाई हो गयी

किस जुस्तजू ने हमको दिये हिजरतों[4] के दाग़
किस आरजू पे   ख़ल्क़   तमाशाई हो गयी

कुछ तो सबब ज़रूर है वहशत का वरना क्यों
ख़ल्क़त[5] तमाम खुदसर-ओ-बलवाई[6] हो गयी

पहले   सियाह रात से   उलझे   रहे सभी
फिर यूँ हुआ कि बज़्म में तनहाई हो गयी

लो काम   अबके   आ गयीं   सहरानवर्दियाँ[7]
बज़्म-ए-तरब[8]   में   अपनी   पज़ीराई[9] हो गयी

---

1. दृष्टि 2. मिलन का क्षण 3. रोनेवाली आँख 4. प्रवासों 5. सृष्टि 6. विद्रोही और उपद्रवी 7. जंगलों में मारे-मारे फिरना 8. आनन्द की सभा 9. स्वीकृति

(14)

लगे हुए हैं सभी ख़ार-ओ-ख़स¹ बचाने में
बताओ देर है क्या आँधियों के आने में

फिर उसकी याद के टूटेंगे सिलसिले न कभी
बुरा ही क्या है अभी उसको भूल जाने में

हुजूम बढ़ता चला जा रहा है चारों तरफ़
भटक न जाएँ कहीं लोग, आने-जाने में

शब-ए-फ़िराक़² अज़ल से अबद तलक फैली
कोई विसाल का मौसम नहीं ज़माने में

ज़ियाँ से हो गये महरूम सूद की ख़ातिर
किसी को कुछ न मिला इस क़मारखाने में

---

1. कूड़ा-करकट   2. विरह की रात्रि

(15)

दिल ही नहीं, ये दीदा-ए-तर भी उठाते हैं
किस बोझ को ये तार-ए-नज़र भी उठाते हैं

ये इज़्तराब कम नहीं होता किसी तरह
घर में हैं और रंज-ए-सफ़र[1] भी उठाते हैं

ऐसा नहीं कि हम यूँ ही मसरूफ़-ए-ख़्वाब[2] हैं
पलकों पे बार-ए-शाम-ओ-सहर[3] भी उठाते हैं

---

1. यात्रा का कष्ट 2. स्वप्न देखने में व्यस्त 3. संध्या और प्रात:काल का बोझ

(16)

अज़ल[1] से ही यही दस्तूर दुनिया का रहा है
जिसे जीना था, वो मरने पे उकसाया गया है

परिन्दों से कहो, उनकी उड़ानें हों सलामत
कमानों से कोई दम तीर निकलना चाहता है

मेरे अल्लाह, मेरी दहशतों में भी कमी हो
कि वीरानों को अब बस्ती बनाया जा रहा है

वही सब देखने के वास्ते आँखें हैं बाक़ी
कि जिनके बाद बीनाई का बिल्कुल ख़ात्मा है

बहुत पहले कि जिसको चाक[2] मजनूँ ने किया था
कहो अहल-ए-जुनूँ[3] से, वो ग़िरीबाँ सी चुका है

---

1. अनादिकाल   2. विदीर्ण   3. विक्षिप्त लोग

(17)

बुलहवस, दिरहम-ओ-दीनार' की चाहत के क़रीब
दिल-ए-अफ़्सुर्दा मगर दर्द की दौलत के क़रीब

जिसको तौफ़ीक़' मिली बस वो सरफ़राज़' हुआ
कोई नफ़रत के कहीं कोई मोहब्बत के क़रीब

सफ़र-ए-शौक़ में   हर चन्द की   दुश्वारी है
चादर-ए-सब्र मगर धूप की शिद्दत के क़रीब

जिसको कहते हैं वफ़ा, अहल-ए-वफ़ा जानते हैं
प्यास रहती है लब-ए-लाल-ए-शहादत के क़रीब

रिश्ता-ए-इश्क़-ओ-हवस अहल-ए-नज़र से पूछो
एक इनकार रहा करता है बैय्यत के क़रीब

अपनी सरकार यही, है यही अपना दरबार
ये गदा' रहता है बस तेरी इनायत के क़रीब

---

1. चाँदी और सोने की मुद्राएँ 2. सामर्थ्य 3. सिर ऊँचा करने वाला 4. भिक्षुक

(18)

हमें तो अबके भी आयी न रास तनहाई
तुम्हीं बताओ कि है किसके पास तनहाई

इसे भी अबके बहुत रंज-ए-नारसाई[1] है
खड़ी है शहर की सरहद के पास तनहाई

इसीलिए तो न सहरा में हैं न बस्ती में
कि हो न जाए कहीं बेलिबास तनहाई

तवील[2] हिज़्र ने दोनों को यूँ ख़राब किया
कि उसके पास न अब मेरे पास तनहाई

अँधेरी रात में, आँखों में ख़्वाब की सूरत
कभी-कभी   नज़र आयी   उदास तनहाई

---

1. न पहुँचने का कष्ट 2. दीर्घ

(19)

तेरा चेहरा, न मेरा हुस्न-ए-नज़र है सबकुछ
हाँ मगर दर्द-ए-दिल ख़ाकबसर है सबकुछ

मेरे ख़्वाबों से अलग, मेरी साँसों से जुदा
इस मोहब्बत में कोई वहम मगर है सबकुछ

बात तो तब है कि तू भी हो मुक़ाबिल मेरे
जानेमन ! फिर तेरा ख़ंजर, मेरा सर है सबकुछ

तेरी मर्ज़ी है इसे चाहे तो सेराब¹ करे
इस बयाबाँ को तेरी एक नज़र है सबकुछ

मिस्ल-ए-मजमून-ए-ग़ज़ल² कुछ नहीं ये हिज्र-ओ-विसाल
हाँ वही यार-ए-तरहदार³ मगर है सबकुछ

———————————

1. तृप्त 2. ग़ज़ल के विषय की तरह 3. छबीला मित्र

(20)

तेरे ख़याल का नशा उतरने वाला है
उदासियों से ये काशाना[1] भरने वाला है

अदू के पास अभी तीर सब सलामत है।
हमारे सीने का भी ज़ख़्म भरने वाला है

तमाम रात यूँ ही शोर-ओ-गुल मचाते रहें
जो बच गया था, वो बीमार मरने वाला है

---

1. छोटा-सा घर

(21)

हमने आइन्दा लम्हों से ऐसे बातें कीं
हाथ में अपने जितनी लकीरें थीं सारी गिन लीं

सुब्ह उठे तो देखा घर का नक़्शा बदल गया
शाम को घर पहुँचे तो सब बातें पहली-सी थीं

फिर तो सारी रात ज़माना सोया, जब रातें
हिज्र का इक लम्बा-सा आँचल तोहफ़े में लायीं

तुमको इसका दुख रहता है दुनिया बदल गयी
हमको ये अफ़सोस, कि ये क़ायम है अभी वहीं

हिज्र की शाम से पहले भी तो वस्ल की शब होगी
ख़्वाबीदा' लम्हों का कोई मंज़र याद नहीं

सोचो तो फिर ज़ेह्न की शिरयानें² भी फट जायें
देखो तो आँखों की बीनाई की ख़ैर नहीं

---

1. सोने की दशा 2. शिराएँ

(22)

ख़याल-ओ-ख़्वाब[1] के वीरान मंज़रों के सिवा
घरों में और ही रक्खा है क्या दरों के सिवा

समन्दरों के किनारों की   रेत पर अब लोग
बनाएँ और कोई चीज़ भी घरों के सिवा

दयार-ए-इश्क़[2] में दिल की सलामती के लिए
जवाब-ए-बैय्यत-ए-हाकिम है क्या सरों के सिवा

परिन्दे पूछ रहे हैं हवाओं से अब के
उड़ान के लिए क्या चाहिए परों के सिवा

हमारी नंस्ल ने ऐसे में आँख   खोली है
जहाँ पे कुछ नहीं बेरंग मंज़रों के सिवा

---

1. विचार और स्वप्न 2. प्रेम-स्थल

(23)

हवा के दोश[1] पे क्यों कारवाँ रवाना है
हमें तो लौट के अपने घरों को जाना है

यहाँ पे आके हमारा सफ़र तमाम हुआ
यहीं पे पिछली ख़ताओं को बख़्शवाना है

किसे ख़बर है कि तुझको भी भूल जाएँ कभी
हमारे जैसे मुसाफ़िर का क्या ठिकाना है

शिकार करते रहे उम्रभर अँधेरों का
सरों पे फिर भी वही शव का शामियाना है

बिछड़ के तुझसे न कोई असर हुआ मुझ पर
ख़िज़ाँ को और नया रंग क्या दिखाना है

---

1. कंघा

(24)

उल्फ़त में, हवस में, न किसी चाह में आये
हम तो यूँ ही   बेकार तेरी   राह में आये

मालूम तो कुछ हो सर-ओ-दस्तार[1] की क़ीमत
ये सोच के   दरबार-ए-शहंशाह   में   आये

ये घर तो कभी का दर-ओ-दीवार में गुम है
आये जो यहाँ कोई तो किस चाह में आये

इक रोज़ तो होना है कलम सर को हमारे
सो बे सर-ओ-सामान[2] ही जंगाह[3] में आये

शबनम में नहायें कभी महताब की किरनें
वो घर मेरे आये तो शब-ए-माह[4] में आये

---

1. सिर और पगड़ी   2. जीवन के लिए आवश्यक सामग्री   3. युद्धभूमि   4. चाँदनी रात

(25)

अभी रुसवाइयों का   इक बड़ा   बाज़ार   आयेगा
फिर उसके बाद ही वो कूचा-ए-दिलदार[1] आयेगा

वतन की एक तस्वीर-ए-ख़याली[2] सब बनाते हैं
ख़बर लेकिन नहीं क्या इसमें कू-ए-यार आयेगा

हमारे   वास्ते   भी   साअत-ए-हमवार[3]   ठहरेगी
कि राह-ए-शौक़ में जिस दम वो नाहमवार आयेगा

अभी आब-ओ-हवा-ए-जिस्म[4] के असरार खुलते हैं
अभी वो   तोड़ने इस   जिस्म की दीवार   आयेगा

करो अहल-ए-जुनूँ कुछ तो करो सामान-ए-दिलदारी
कि शहर-ए-इश्क में वो शोख़ पहली बार आयेगा

---

1. प्रेयसी की गली 2. कल्पना का चित्र 3. अंगीकृत क्षण 4. शरीर की जलवायु

(26)

क़िस्से-कहानियों में उलझा के रख दिया है
कुछ दे-दिला के सब को बहला के रख दिया है

कार-ए-जुनूँ बहुत ही दुश्वार हो गया है
दुनिया को तूने इतना फैला के रख दिया है

किस याद के सहारे ये दिन गुज़र रहे हैं
किसने हमें मुसलसल अपना के रख दिया है

पहले ही हम कहाँ थे जो अब नहीं रहेंगे
ये हश्र बेसबब ही बरपा के रख दिया है

किस आन-बान से वो फिर आ रहा है देखो
दिल आइने को हमने शर्मा के रख दिया है

---

1. उन्मादी कार्य   2. निरंतर   3. महाप्रलय

(27)

देखो हमारी भी बेक़रारी
कर ली है हमने दुनिया से यारी

कोई न रोके, कोई न टोके
अब है हवा पर अपनी सवारी

इनसे डरें क्यों उनसे बचें क्या
कैसी ख़जालत[1], क्या शर्मसारी

पा-ए-हवस ने जब भी तलब की
जाने से पहले आयी सवारी

अहल-ए-जुनूँ हों, अहल-ए-ख़िरद[2] हों
दोनों को आती है होशियारी

है जाम अपना, मीना है अपना
पीते रहेंगे हम बारी-बारी

---

1. लज्जा   2. बुद्धिमान लोग

तुम भी न जीते,   हम भी न हारे
बाज़ी   तुम्हारी,   बाज़ी   हमारी

किसको   बतायें,   सबको ख़बर है
ये   उम्र हमने   कैसे   गुज़ारी

वरना बहुत थी   जीने   की   ख़ातिर
सुब्ह-ए-दरख़्शाँ   फूलों की   क्यारी

अब कोई   पूछे दिल   से   हमारे
लगती है   कैसी दुनिया   की   यारी

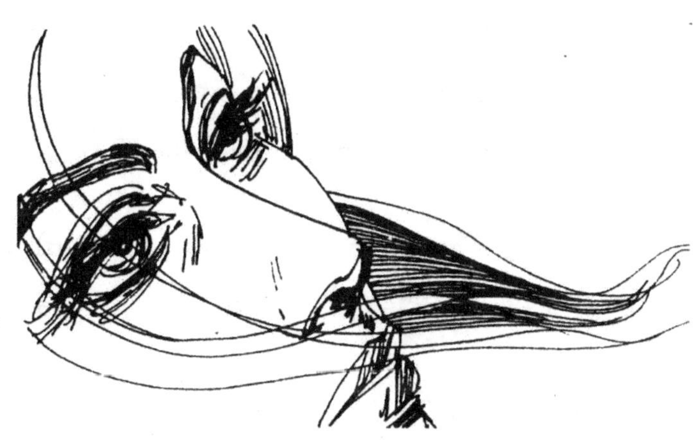

---

1. प्रकाशमान प्रात:काल

(28)

देखा था कोई ख़्वाब कि अब याद नहीं है
रोये थे बहुत देर – सबब याद नहीं है

क्यों पूछते हो शजर-ए-गुमगशता को मेरे
मुझको तो मेरा नाम-ओ-नसब याद नहीं है

बचपन में हर इक खेल में मश्शाक़ में लेकिन
जीने के लिए अब कोई ढब याद नहीं है

ये याद है बिछड़े थे किसी मोड़ पे तुझसे
पर क्या था जुदाई का सबब याद नहीं है

इक रेत की दीवार को घर कहते थे सब लोग
ये बात तो थी बहस-तलब याद नहीं है

(29)

सच है   कि मुझे   कोई हुनर ही नहीं आता
जुज़[1] मश्क़-ए-सुख़न[2] कार-ए-दिगर[3] ही नहीं आता

मैं हल्का-ए-गिरदाब[4] में हूँ या कि लब-ए-जू[5]
ऐ दीदा-ए-तर   कुछ भी नज़र   ही   नहीं आता

ये नख़्ल-ए-अना[6] है   जिसे   मैं   काट रहा हूँ
इस पर तो कभी कोई समर ही नहीं आता

ये राह-ए-जुनूँ जिसमें शजर भी हैं हजर[7] भी
कहते हैं कि इस राह में घर ही नहीं आता

इक आग नयी जिससे लगी रहती थी दिल में
इस सम्त वो शो'ला, वो शरर ही नहीं आता

. अतिरिक्त 2. काव्य रचना का अभ्यास 3. अन्य कार्य 4. भँवर का घेरा 5. नहर
के किनारे 6. दुखों का पेड़ 7. पत्थर

(30)

हुरमत-ए-दर्द[1] को   दुश्नाम[2] नहीं   करना था
क़िस्सा-ए-इश्क़ को यूँ आम नहीं करना था

टूटने लगते हैं यूँ ख़्वाब से रिश्ते दिल के
ज़िक्र-ए-शब[3] इतना सर-ए-शाम नहीं करना था

मेरा सहरा ही बहुत था, मेरे वहशत को मगर
अपनी वहशत को तेरे नाम नहीं करना था

ना-उम्मीदी को मेरी देख हवा ने ये कहा
सफ़र-ए-इश्क़ में आराम नहीं करना था

यूँ तो दरिया थे बहुत प्यास बुझाने को मगर
इतनी उजलत[4] में कोई काम नहीं करना था

---

1. कष्ट की प्रतिष्ठा 2. अपशब्द 3. रात्रि का चर्चा 4. शीघ्रता

(31)

अगर कहें, तो कहें किसको मेहरबाँ अपना
कि ये ज़मीन ही अपनी, न आसमाँ अपना

किसी चिराग़ की लौ तेज़ हो रही है तो क्या
कमाल यूँ भी दिखाती हैं आँधियाँ अपना

वो दिन गुज़र भी गया, आ रहा है शाम का वक़्त
दिखायी दूर से देता है आशियाँ अपना

मेरे खुदा मेरी वहशत में कुछ कमी हो जाए
वगरना दश्त रहेगा, न ये मकाँ अपना

कि जिस गुमान से मोहकम[1] यकीं हमारा हुआ
उसी यक़ीन पे क़ायम रहे गुमाँ अपना

---

1. दृढ़, चिरस्थायी

(32)

अपनी ख़ातिर सितम ईज़ाद भी हम करते हैं
और फिर ना'ला-ओ-फ़रियाद भी हम करते हैं

एक दुनिया मेरी आबाद है जिनसे, वही ख़्वाब
कभी पसपा[1],   कभी बर्बाद भी हम करते हैं

अपने अहबाब[2] पे करते हैं दिल-ओ-जान निसार
और अक्सर उन्हें नाशाद[3] भी हम करते हैं

ख़ाना-ए-जिस्म में हंगामा मचा रक्खा है
ले मेरी जाँ ! तुझे आज़ाद भी हम करते हैं

रंज-ए-उल्फ़त के सिवा ऐ दिल-ए-नादान बता
था वो ही रंज जिसे याद भी हम करते हैं

और भी लोग हैं इस कार-ए-ज़ियाँ में हमराह
सो इन अश्आर को इरशाद[4] भी हम करते हैं

---

1. पराजित 2. मित्र लोग 3. अप्रसन्न 4. आज्ञा देना

(33)

यूँ ही सर चढ़ के हर इक मौज-ए-बला बोलेगी
हम जो ख़ामोश रहेंगे, तो हवा बोलेगी

बोलता रहता है जो आज सर-ए-शाख़-ए-अना[1]
चुप-सी लग जायेगी, जिस रोज़ फ़ना बोलेगी

तुझसे उम्मीद किसे है मेरी लैला-ए-हयात[2]
मोहमिल-ए-नाज़[3] से क्या चश्म-ए-अता बोलेगी

वो तो रहता है यूँ ही अपने गुलिस्तान में गुम
लब-ए-ख़ामोश से क्या बर्ग-ए-हिना[4] बोलेगी

मौसम-ए-नारा-ए-बुलबुल[5] भी कभी आयेगा
इससे मायूस न हो ख़ल्क-ए-ख़ुदा बोलेगी

---

1. अहं की डाली पर 2. जीवन की रात्रि 3. निरर्थक हाव-भाव 4. मेहँदी की पत्ती
5. बुलबुल के ज़ोर से आवाज़ लगाने की ऋतु

(34)

मैं तमाशाई हूँ इक लम्हा-ए-आइन्दा[1] का
ऐ ख़याल-ए-शब-ए-तनहाई[2] ज़रा आहिस्ता

शोर-ए-आवाज़-ए-जरस[3] गूँज गया सहरा में
मेरे कानों को मगर कुछ भी सुनाई न दिया

मेरा हमज़ाद[4] मेरे नाम से डर जाता है
काम दरिया का किनारों को बहाना ठहरा

उसको शिकवा है कि मैं उसका निगहदार नहीं
मैं मगर खुश हूँ कि है पास[5] उसे उल्फ़त का

जैसा वो, उसका तसव्वुर भी उसी जैसा है
मुझको भाता ही. नहीं कोई भी ऐसा वैसा

आँधियों का कोई मौसम ही नहीं कब आएँ
बस ये सोचा था लरज़ने लगा पत्ता-पत्ता

---

1. आने वाला क्षण 2. एकाकी रात्रि का विचार 3. यात्री दल के घण्टे के स्वर का कोलाहल 4. साथ पैदा होने वाला 5. शील संकोच 6. विचार

(35)

वो जो आँखों को नज़र आता न था
साहिलों की रेत थी दरिया न था

मैंने उसको   पुतलियों में   भर लिया
उससे आँखों का   कोई   पर्दा न था

फिर भला किस सम्त को उठते क़दम
रास्तों की भीड़ थी,   रस्ता न था

क्यों बगूले[1]   नाचते थे   हर तरफ़
शहर था, वो कोई   वीराना न था

हिज्र के मौसम में लज़्ज़त वस्ल की
ख़्वाब ऐसा तो   कोई   देखा न था

मुंतज़िर   आँखें भी   पत्थर   हो गयीं
आँसुओं का बोझ भी हल्का न था

---

1. चक्रवात   2. आनन्द

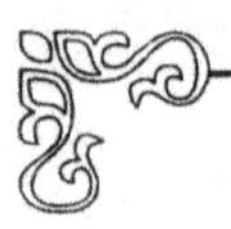

(36)

मुट्ठियों में रेत भर ली है बताऊँ किस तरह
रात-दिन आब-ए-रवाँ[1] से मुँह छिपाऊँ किस तरह

रक़्स करते है बगूले तेरे-मेरे दरमियाँ
रेत पर दरियाओं का नक़्शा बनाऊँ किस तरह

वो उधर, उस पार के मंज़र बुलाते हैं मुझे
रोशनी के शहर से पीछा छुड़ाऊँ किस तरह

याद सबकुछ है मगर कुछ भी नज़र आता नहीं
पुतलियों में तेरे चेहरे छिपाऊँ किस तरह

जब यहाँ इस शहर में सबकुछ ख़िज़ाँ-आसार[2] हैं
बे दर-ओ-दीवार का इक घर बनाऊँ किस तरह

---

1. बहता हुआ पानी 2. पतझड़ के चिह्न

(37)

ये कार-ए-अबस[1] है, कि कार-ए-हुनर[2] मैं नहीं जानता हूँ
मगर ये कि दुनिया बरतते-बरतते मैं थक-सा गया हूँ

खुदाया ! विरासत में मिट्टी का जो ढेर मुझको मिला था
उसे चाक पर फिर से रखने की मैं इब्तिदा[3] कर रहा हूँ

मुझे होश के नाखुनों की ज़रूरत थी, सो मिल गये हैं
ये मुश्किल भी आसान हो ही गयी और क्या चाहता हूँ

समझते हैं सब मुझको भी कोई जीने का ढब आ गया है
मगर मैं तो खुद से ही मसरूफ़-ए-पैकार[4] रहने लगा हूँ

जिसे देखिए मुँह उठाये इधर ही चला आ रहा है
ये दरवाज़ा-ए-दिल खुला ही रहेगा, नहीं जानता हूँ

---

1. व्यर्थ का कार्य 2. कुशल कार्य 3. प्रारम्भ 4. युद्ध में व्यस्त

(38)

अब रहे   या न रहे   कोई मलाल-ए-दुनिया
खींचती है मेरा दिल चश्म-ए-ग़ज़ाल-ए-दुनिया[1]

लो उतरती है बदन से मेरे ख़ाकी पोशाक
लो हुआ जाता हूँ मैं सर्फ़-ए-कमाल-ए-दुनिया[2]

मिट रहे हैं मेरे अन्दर के सभी नक्श-ओ-निगार
बन रहे हैं मेरे बाहर ख़द-ओ-ख़ाल-ए-दुनिया[3]

तेरे चेहरे का   फुसूँ भी तो   नज़र आये तो कहीं
मुझको   आईना दिखाता है   जमाल-ए-दुनिया

बस यही नख़्ल-ए-हवस[4] है जो रहेगा सरसब्ज़
तेरा इक़बाल सिवा ताज़ा निहाल-ए-दुनिया

मैं भी हैरान, मेरा दिल भी पशेमान-सा है
जिस्म के हाथ हुआ जब से विसाल-ए-दुनिया

---

1. संसार रूपी मृगशावक की आँख 2. संसार के कमाल का उपभोग 3. संसार के कपोल और तिल 4. लालसा का वृक्ष

(39)

दुनिया न सही मुझसे बग़ावत हो तुम्हारी
ये क्या है कि हर एक से उल्फ़त है तुम्हारी

अब मिलने-बिछड़ने में न राहत है न ग़म है
वो दिन भी नहीं है कि ज़रूरत हो तुम्हारी

दिल कहता है — देखो कोई तस्वीर बनाओ
लेकिन ये ज़रूरी नहीं सूरत हो तुम्हारी

हम चाहते हैं रंज-ए-सफ़र[1] खींचना इक बार
पर अब न किसी मोड़ पे शिरकत हो तुम्हारी

आज़ाद हों हम क़ैद-ए-मोहब्बत से किसी दिन
लेकिन ये अगर हो तो बदौलत हो तुम्हारी

---

1. यात्रा की पीड़ा

(40)

फिर उसके बाद न अगले-से वो सफ़र आये
न तेरी याद के साये न वो सफ़र आये

जो आँख है, तो हर इक चीज़ देखनी होगी
न देखने के लिए कौन-सा हुनर आये

खड़ा हुआ हूँ सर-ए-रहगुज़र[1] कई दिन से
कहीं तो ख़्वाब का मंजर मुझे नज़र आये

हर एक क़ैद से आज़ाद हो गया हूँ मैं
घरों का सिलसिला फिर राह में न दर आये

कि जिनके होने का कोई असर न था मुझपर
बिछड़ गये तो वही याद उम्रभर आये

जो एक बार पहुँच जाए रोशनी से परे
कोई सबील[2] नहीं है कि लौटकर आये

---

1. रास्ते में   2. उपाय

(41)

कल वो सारे ख़्वाब याद आये बहुत
देख कर हम जिनको पछताये बहुत

जुस्तजू क्या थी कि बढ़ती ही गयी
वैसे हमने पाँव फैलाये बहुत

सामने कुछ भी नज़र आता न था
यूँ तआक़ुब[1] में रहे साये बहुत

देखने की ताब जब जाती रही
आँख को मंज़र नज़र आये बहुत

मेरी उसकी रहगुज़र तो एक थी
फ़ासले राहों में क्यों आये बहुत

---

1. पीछा करना

(42)

रास्ते पुर-पेच[1] हैं हर एक राही के लिए
शौक़ आगे चल रहा है रहनुमाई[2] के लिए

कुछ दिखायी अब नहीं देता है ता-हद्द-ए-नज़र[3]
शहर सहरा बन गये किस लामकानी[4] के लिए

क्यों सफ़र बढ़ता चला जाता है क्यों होती है धूप
क्यों बगूले रक़्स में हैं रहनुमाई के लिए

मंज़िलें कब तक मिलेंगी होंगे खैमे नस्ब[5] कब
आँधियाँ कब देंगीं दस्तक बेरिदाई के लिए

कैसे दीवाने हैं ये सब, क्या है इनकी जुस्तजू
हर खुशी को बेचते हैं इक उदासी के लिए

साहिलों तक आ गया है तिश्नाकामों का हुजूम
रेत के मंज़र खड़े हैं पेशवाई[6] के लिए

---

1. टेढ़े-मेढ़े 2. पथ-प्रदर्शन 3. दृष्टि की सीमा तक 4. घर से परे होने का भाव
5. स्थापना 6. आगे बढ़कर स्वागत करना

(43)

सुनता ही नहीं कोई शराफ़त में हमारी
कुछ और कजी[1] चाहिए आदत में हमारी

यूँ सहल नहीं लज़्ज़त-ए-पिन्दार[2] से बचना
दो-चार क़सीदे हों फ़ज़ीलत[3] में हमारी

या कहिए दुआओं में असर ही नहीं कोई
या तंगी-ए-अहवाल है हाजत में हमारी

आता ही नहीं रास किसी शहर का कूचा
शायद कि कमी रह गयी हिजरत[4] में हमारी

कुछ उसअत-ए-सहरा पे ही दिल झूम गया था
कुछ रंग तरहदार थे वहशत में हमारी

---

1. टेढ़ापन 2. गर्व का आनन्द 3. प्रतिष्ठा 4. प्रवास

(44)

दश्त का, दरिया का, बस्ती का, फुसूँ¹ क्या चीज़ है
आलम-ए-बेरंग² में मेरा जुनूँ क्या चीज़ है

आ रही है साफ़ अब दिल के धड़कने की सदा
ख़ाक-ओ-खूँ के इस घराने में सुकूँ क्या चीज़ है

अपने घर के सारे दरवाज़े मुक़फ़्फ़ल³ हैं मगर
इस ख़राबे में भला सोज़-ए-दरूँ⁴ क्या चीज़ है

वहशतें क्या चीज़ हैं, लगते हैं क्यों मंज़र अजब
ये फ़सील-ए-जिस्म⁵ क्या है, ख़ाक-ओ-खूँ क्या चीज़ है

कार-ए-दुनिया से कभी मोहलत नहीं मिलती मुझे
वरना बतलाता कि ये कार-ए-जुनूँ क्या चीज़ है

---

1. जादू 2. रंगहीन संसार 3. बन्द 4. हृदय की तपिश 5. शरीर का परकोटा

(45)

रोना है मुहाल ज़िन्दगीभर
हँसना है कमाल ज़िन्दगीभर

वो दिन भी गुलाब-रंग दिन थे
आयेगा ख़याल ज़िन्दगीभर

क्या उसकी गली में जाने वाले
रहते हैं निहाल ज़िन्दगीभर

हर चन्द कभी मिले नहीं हम
था वह्म-ए-विसाल[1] ज़िन्दगीभर

हसरत का मुकाम हो कि हैरत
रहता है मलाल ज़िन्दगीभर

---

1. मिलन का भ्रम

(46)

दामन में मेरे कुछ भी नहीं है तुझे क्या दूँ
कुछ और अभी अपने गुनाहों को हवा दूँ

कटता ही नहीं ये सफ़र-ए-जाँ किसी सूरत
याँ दूर तलक कोई नहीं किसको सदा दूँ

फिर अज़-सर-ए-नौ[1] देखने दुनिया को चला हूँ
आता है मेरे जी में कि तुझको भी भुला दूँ

जिस घर की हवस लायी है सहराओं में मुझको
वो घर मुझे मिल जाये वियाबान बना दूँ

क्यों फ़स्ल-ए-बहारी[2] में करूँ दश्त-नवर्दी[3]
क्यों उसका ख़याल आये तो मज़मूँ को हवा दूँ

---

1. नये सिर से   2. वसंत ऋतु   3. जंगल में अकारण घूमना

(47)

सबब कुछ भी नहीं पर अब के हंगामे ज़ियादा हैं
इसी बाइस तो इन शहरों में वीराने ज़ियादा हैं

उदासी की महक फैली हुई है सारी दुनिया में
सो यूँ है दर्द कम और दर्द के साये ज़ियादा हैं

भला परदेस में ऐसा भी कोई घर बनाता है
कि दीवारें बहुत कम जिसकी, दरवाज़े ज़ियादा हैं

खुली आँखों से दुनिया को कभी देखा नहीं हमने
सो क्या कहिये जो भुगते हैं वो ख़ामियाज़े ज़ियादा हैं

फ़िराक़-ओ-वस्ल की सब सूरतें हैं एक-सी लेकिन
हमारे दिल को मौसम हिज़्र के भाते ज़ियादा हैं

___

. वियोग और मिलन

(48)

रंग बदलेगा ज़माना, क़िस्सा-ए-फ़र्दा[1] लिखें
आइये इस रोशनी के शहर को सहरा लिखें

और ता-हद्द-ए-नज़र[2] क्या है बगूलों के सिवा
उसकी यादों को, चमकती धूप में, साया लिखें

उस गली में एक ही घर है कि जिसको घर कहें
और उसमें एक सूरत है जिसे चेहरा लिखें

अब कोई लशकर किनारे नह्र के आता नहीं
आँसुओं से हो गयी सेराब ये दुनिया लिखें

सारे चेहरे एक-से हैं, सबकी बातें एक-सी
किसको अपना हम बतायें, किसको बेगाना लिखें

---

1. आने वाले कल की कहानी 2. दृष्टि की सीमा तक

(49)

बुलहवस[1] थे तो सदा के लिए प्यासे ही रहे
यूँ तो घर उनके समन्दर के किनारे ही रहे

दश्त-ए-वहशत[2] का पता जाके हवा से पूछो
हम तो बस रेत पे दीवार बनाते ही रहे

फिर न काम आयी जलवागह-ए-सन्अतगर[3]
क़िस्सा-ए-हुस्न[4] में बस तेरे हवाले ही रहे

एक-इक हर्फ़-ए-तमन्ना को जुनूँ में हम भी
गौहर-ए-ताज-ए-सर-ए-अर्श[5] बनाते ही रहे

जुस्तजू क्या थी कि इस कशमकश-ए-हस्ती[6] में
हम न उनके थे कभी और न अपने ही रहे

---

1. लालची 2. उन्माद का जंगल 3. शिल्पकार का प्रदर्शनगृह 4. सौंदर्य-कथा 5. आकाश
के सिर के ताज का मोती 6. जीवन की दौड़-धूप

(50)

क्या तुमको बताऊँ मेरी जाँ ढूँढ़ रहा हूँ
इक साअत-ए-तस्वीर-ए-गुमाँ[1] ढूँढ़ रहा हूँ

इक घर कि जहाँ रहते थे कुछ लोग हमारे
वो घर पस-ए-दीवार-ए-ख़िज़ाँ[2] ढूँढ़ रहा हूँ

इस घर के दरीचों से जो आती थी शुआएँ
मिस्ल-ए-निगह-ए-शो'ला-रुख़ाँ ढूँढ़ रहा हूँ

इक रात के साये के तले जिस्म हरे थे
इक धूप में काशाना-ए-जाँ ढूँढ़ रहा हूँ

यूँ कार-ए-मोहब्बत में हुए सर्फ़ दिल-ओ-जाँ
इक दश्त है जिसमें ये जहाँ ढूँढ़ रहा हूँ

---

1. भ्रम की तस्वीर का क्षण   2. पतझड़ की दीवार के पीछे

(51)

होने वाला है   यहाँ   अब के तमाशा कुछ और
हम मगर रखते हैं इस दिल में तमन्ना कुछ और

ऐ   जुनूँ   देख   कि फिर   तेरी   फ़ुसूँकारी¹   से
कुछ बनाया था मगर बन गया नक़्शा कुछ और

हाकिम-ए-शहर की   वहशत   न   बनाया था इसे
शहर में अब जो नज़र आता है सहरा कुछ और

किस लिए दर्द को हम दिल से जुदा करते हैं
दिल की दौलत है अलग, दौलत-ए-दुनिया कुछ और

चश्म-ए-जानाँ² है   ख़फ़ा   मंज़र-ए-महताब³   उदास
आसमाँ !   तेरे दिखाने को   नहीं   क्या कुछ और

---

1. जादूगरी   2. प्रेयसी की आँखें   3. चन्द्रमा का दृश्य

(52)

नये सफ़र की लज़्ज़तों से जिस्म-ओ-जाँ को सर करो
सफ़र में होंगी बरक़तें, सफ़र करो, सफ़र करो

जो आँख हो तो देख लो सराब[1] ही सराब है
न ऐतबार तशनगी में मौज-ए-आब[2] पर करो

पुरानी आस्तीन से पुराने बुत करो रिहा
नयी ज़मीन पर नये ख़ुदा को मो'तबर[3] करो

उदास रात के गुदाज़ जिस्म को टटोलकर
किसी की ज़ुल्फ़-ए-सायादार[4] की गिरह में घर करो

जमाल-ए-यार[5] से करो कभी नज़र को पाक भी
ख़याल-ए-यार में कभी-कभी शबें, सहर करो

---

1. मृगतृष्णा 2. पानी की तरंग 3. विश्वस्त 4. वे अलकें जिनमें छाँव हो 5. प्रेमपात्र का सौंदर्य

(53)

अब न हैरत से कोई वास्ता इसका होगा
आँख को अब के यूँ ही देखते रहना होगा

काम आयेंगे यही तश्नालबी[1] के लम्हे
यूँ तो सेराब[2] सराबों से ज़माना होगा

पूछने जाऊँ तो अब के भी हवा कह देगी
दामन-ए-हिज्र[3] जो लम्बा था न छोटा होगा

घर लुटेगा वही जो रोशनियों वाला है
सर क़लम होगा वही, सबसे जो छोटा होगा

देखने हम भी सराबों को गये थे लेकिन
आँख यूँ बोल उठी पास ही दरिया होगा

---

1. प्यास 2. तृप्त 3. विरह का अंचल

(54)

अहल-ए-दुनिया[1]   देखते हैं   कितनी   हैरानी के साथ
ज़िन्दगी   हमने   बसर कर ली है   आसानी के साथ

इक तमन्नाओं का   बहर-ए-बेकराँ[2]   था   और हम
कश्ती-ए-जाँ[3] को   बचा लाये हैं   आसानी के साथ

अब किसे   दिल के   धड़कने की   सदाएँ याद हैं
ये भी हंगामा गया   इस घर की   वीरानी के साथ

ऐ हवा !   तूने तो सारे   मारिके[4]   सर   कर लिए
सुब्ह-ए-फ़र्दा   पास   बैठी है   पशेमानी के साथ

दश्त-ए-वहशत से भला करता है आँखें चार कौन
शहर बढ़ते   जा रहे हैं   अपनी   उरियानी[5] के साथ

तू नहीं आता,   न आ,   ऐ दोस्त अब तेरी तरह
हम भी चल निकले हैं   अपने   दुश्मन-ए-जानी[6] के साथ

---

1. संसार वाले 2. असीम समुद्र 3. प्राणों की नौका 4. युद्ध, मैदान 5. नग्नता
6. प्राणों का शत्रु

(55)

जो करते आये हैं अहबाब[1] हिम्मत कौन करता है
हमारी वहशतों की यूँ हिमायत कौन करता है

हमारे ज़ख़्म तो दिल में हमारे खिलते रहते हैं
इन्हें बाहर की दुनिया से इबारत[2] कौन करता है

सर-ए-बाम-ए-ख़याल आता है काली लम्बी रातों में
दिल-ओ-जाँ के लिए पैदा मुसीबत कौन करता है

इसे अपने जुनूँ के वास्ते हमने बनाया था
मगर इस दश्त में बरपा क़यामत कौन करता है

---

1. मित्र लोग   2. व्यक्त

(56)

बादल कहीं न अब के नमी है हवाओं में
ये भी शुमार होगा हमारी ख़ताओं में

आँधी के साथ सारे मनाज़िर[1] बिखर गये
क्या देखते हैं लोग अभी तक ख़लाओं में

जिनकी तलाश करते गयी उम्र रायगाँ[2]
वो भी घिरे मिले हमें अपने ख़ुदाओं में

उस पार जब गये तो सभी एक जैसे थे
वापस हुए तो लिपटे हुए थे रिदाओं में

वो सायबान[3] ले के हवाएँ किधर गयीं
हमको भी आरज़ू थी कि बैठेंगे छाँव में

---

1. दृश्य   2. व्यर्थ   3. छप्पर

(57)

ये अँधेरे, ये उजाले, ये बदलती सूरत
सारे मंज़र नज़र आते हैं. तुम्हारी सूरत

रेत पर मैंने यूँ ही नक़्श बनाये थे मगर
खुद-ब-खुद बन गयी दीवार की दर की सूरत

कोई आईना लिए शहर में यूँ फिरता है
हम तो डर जाते हैं खुद देख के अपनी सूरत

ये तो दिल था कि जिसे रास न आयी दुनिया
दोस्तों ने तो बहरतौर[1] निकाली सूरत

---

1. हर प्रकार से

(58)

ऐ ख़ुदा ! तू मेरी आँखों को कुछ ऐसे ख़्वाब दे
जागते रहने की दिल में आरज़ू बाक़ी रहे

पानियों का ये सफ़र अब ख़त्म होने का नहीं
ये ख़्याल आया कि अपने घर को हम वापस हुए

वस्ल के मौसम हों, या हों हिज्र की रातों के ख़्वाब
अब हमें लगने लगे हैं सारे मंज़र एक-से

मेरे होने का तुझे एहसास भी हो जायेगा
तेरी चौखट की जबींसाई[1] से जिस दिन भी फिरे

शाहराह-ए-शौक़[2] पर चलने से क्या हासिल हुआ
बंजरों में बीज बोने के बहुत मशशाक़[3] थे

इस उजड़ते शहर में क्या कोई भी ऐसा नहीं
जो कभी अपनी सुनाये या कभी मेरी सुने

---

1. माथा रगड़ना   2. अभिलाषा का राजपथ   3. विशेषज्ञ

(59)

किसके दम पर जम्अ यूँ मंज़र किया करता हूँ मैं
इन्हिसार[1] ऐ ज़िन्दगी तुझ पर किया करता हूँ मैं

एक ही चेहरे पे रुक जाती है आख़िर क्यूँ निगाह
किसकी ख़ातिर आँख को पत्थर किया करता हूँ मैं

अब अदू[2] के सामने ये राज़ भी खुल ही गया
इक सिपाही है जिसे लश्कर किया करता हूँ मैं

एक दिन हमवार करता हूँ ज़मीं फिर अगले रोज़
हाइल[3] अपनी राह में पत्थर किया करता हूँ मैं

रास फिर आने लगे हैं हिज्र की रातों के ख़्वाब
उसकी ज़ुल्फ़ों की गिरह में घर किया करता हूँ मैं

---

1. आश्रित होना   2. शत्रु   3. आड़, अवरोध

(60)

ज़मीन-ए-दिल जो दिखाती है यूँ अदा-ए-सुख़न[1]
कि हम कुछ और ही कहते हैं मावरा-ए-सुख़न[2]

फ़साना-ए-दिल-ओ-जाँ किसपे बार होता है
मगर कभी तो सुख़न चाहिए बराए-सुख़न[3]

उसी पे खुलते हैं आराइश-ए-ख़याल[4] के दर
है जिसके अक़्द-ए-इरादत[5] में दिलरुबा-ए-सुख़न

तेरे बग़ैर भी ये गुफ़्तगू मुकम्मल है
तेरे बग़ैर भी ख़ाली नहीं सराए-सुख़न[6]

सजे-सजाये मकाँ पल में हो गये मिस्मार[7]
बयान-ए-दर्द की किस तरह ताब लाए सुख़न

बजुज़[8] हवा-ए-हुनर कुछ नहीं मता-ए-हयात[9]
हमारे बाद कहेंगे सभी कि हाए सुख़न

---

1. बातचीत के हाव-भाव 2. बातचीत से परे 3. बातचीत के लिए 4. विचारों की सजावट
5. आस्था का वचन 6. वार्त्तालाप स्थल 7. ध्वस्त 8. अतिरिक्त 9. जीवन की पूँजी

(61)

उस जिस्म पर निगाह कहाँ जाना चाहिए
जाती नहीं है इसको जहाँ जाना चाहिए

हम ही उदास रात के पहलू में गुम नहीं
क्यों अपने सर ही बार-ए-गिराँ जाना चाहिए

फिर बार-बार उसको ही क्यों देखते रहें
क्यों आँख सू-ए-कू-ए-बुताँ जाना चाहिए

दीवार-ओ-दर की क़ैद से बाहर नहीं कोई
अब तो दिलों से हुस्न-ए-गुमाँ जाना चाहिए

देखो कि हिज्र-ए-यार[4] की मंज़िल क़रीब है
आँखों से अब न आब-ए-रवाँ जाना चाहिए

---

1. भारी बोझ   2. प्रेयसियों की गली की ओर   3. भ्रम का सौंदर्य   4. मित्र का वियोग
5. बहता हुआ जल

(62)

क़दम बढ़े हुए पीछे को लौट जाते हैं
नुक़ूश-ए-पा' जो नज़र रफ़तगाँ के आते हैं

हमारे पास तेरी याद के सिवा क्या है
इसे भी देखिये आगे कहाँ गँवाते हैं

जो बुलहवस थे वो क़तरों से हो गये सेराब
करिश्मे देखिये क्या-क्या नज़र में आते हैं

जुनूँ के क़िस्से हुए दास्तानों का हिस्सा
हम उनको आज फ़क़त सुनते और सुनाते हैं

इरादा जिनका था ऊँची उड़ान का वो सब
परिन्दे लौट के अपने घरों को जाते हैं

---

1. पैरों के निशान   2. गये हुए (मरे हुए) लोग

(63)

उसी दर्द-आश्ना[1] दिल की तरफ़दारी में रहते हैं
हम अपने आप में गुम अपनी ग़मख़्वारी[2] में रहते हैं

यूँ ही हम रफ़्ता-रफ़्ता दिल-गिरफ़्ता होते जायेंगे
कि हम अपने ग़मों की नाज़बरदारी[3] में रहते हैं

ये दुनिया हमने दुनियादार की नज़रों से देखी है
मगर ऐ दिल ! हम अपनी ही अमलदारी[4] में रहते हैं

हमारे सुख बहुत कम और दुख उनसे बहुत कम हैं
सो हम भी आजकल इनकी निगहदारी[5] में रहते हैं

अभी अहल-ए-हवस[6] दुनिया में क्या-क्या गुल खिलायेंगे
अभी अहल-ए-जुनूँ ख़्वाब-ए-जहाँदारी[7] में रहते हैं

---

1. जो किसी के दुख से परिचित हो 2. सहानुभूति 3. नाज़ उठाना 4. शासन 5. संरक्षण
6. लालची लोग 7. शासन का स्वप्न

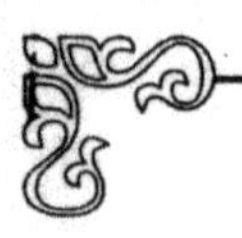

सतृह-ए-ज़मीन[1] पर खड़ा हर्फ़-ए-कमाल[2] में हूँ गुम
अपने ख़ुदा पे मैं निसार, उसके जमाल में हूँ गुम

वो जो पुराने ख़्वाब थे   वो जो मेरे सराब थे
ताक़ में सब सजा दिये, कस्बा-ए-कमाल[3] में हूँ गुम

यूँ तो किसी के साथ भी रहने की खू बुरी नहीं
रंज मगर यही है बस हिज्र-ओ-विसाल[4] में हूँ गुम

दिल में हमेशा ये ख़लिश रहती है रात दिन मेरे
कल की कोई ख़बर नहीं, माज़ी-ओ-हाल[5] में हूँ गुम

मेरा जुनून-ए-शौक़ क्या, मेरा कमाल-ए-ज़ौक़ क्या
अपने ख़याल में हूँ गुम, अपने जमाल में हूँ गुम

मेरा सफ़र हुआ तमाम, काम हैं सारे नातमाम
वाहमे पालता हूँ मैं, रंज-ओ-मलाल में हूँ गुम

कैसे लिखूँ मैं शायरी, कैसे करूँ ये साहिरी[6]
इक ज़माना हो गया लफ़्ज़ों के जाल में हूँ गुम

---

1. पृथ्वीतल 2. पूर्णता की बात 3. उद्यम का गुण 4. विरह और मिलन 5. अतीत और
वर्तमान 6. जादूगरी

(65)

बला से होगा जहाँ आब-ओ-दाना[1] होने दो
हमें तो अगले सफ़र पर रवाना होने दो

सफ़र की शर्त है कोह-ए-निदा[2] उबूर[3] करो
तमाम रात कोई भी सदा न होने दो

मुक़द्दरों में हमारे जो तशनगी ठहरी
तो कोई ख़ैमा लब-ए-जू[4] बपा न होने दो

वो ख़ाक जिसमें सब अपने हवाले ढूँढते हैं
वहाँ किसी का न अब आशियाना होने दो

ये एक धूप का टुकड़ा, ये एक मुश्त-ए-गुबार
यही मता-ए-सफ़र[5] है जुदा न होने दो

---

1. अन्न-जल 2. ध्वनि का पहाड़ 3. पार करना 4. नदी के किनारे 5. यात्रा की पूँजी

(66)

तमाम उम्र रहे अपने घर में गोशागीर[1]
मगर सुख़न की क़लम रौ में बन न पाये मीर

वो घर बसाने के दिन थे कि हम सफ़र पे चले
वो दिन बहार के होंगे कि जब हुए थे असीर[2]

ख़मोशियों का वो मंज़र घने अँधेरों में
नदी में आब-ए-रवाँ था कि रोशनी की लकीर

कोई मिले तो सर-ए-रहगुज़ार[3] तनहा भी
कोई तो जिस्म हो जिस पर चलें हज़ारों तीर

यही बहुत है कि उससे हमारी निस्बत[4] है
वो दो जहान का मालिक है, हम सदा के फ़क़ीर

---

1. एकान्तवासी   2. बन्दी   3. रास्ते में   4. सम्बन्ध

(67)

आये-गये, हज़ार सही गर्दिशों के दिन
दिल पर रहेंगे नक़्श मगर बारिशों के दिन

किससे रही है अपनी हरीफ़ाना[1] दोस्ती
मन्सूब[2] किसके नाम हैं वो साज़िशों के दिन

फिर कारोबार-ए-शौक़ दोबारा न हो सका
फिर याद आ रहे हैं तिरी नाज़िशों[3] के दिन

अब देखने की ताब किसे है पस-ए-गुबार
वो राह-ए-शौक़ और मिरी काविशों[4] के दिन

अफ़शाँ[5] भरे हुए वो कभी बाम पर तो आये
फिर देखते हैं नज़्म की आराइयों के दिन

---

1. शत्रुओं जैसी 2. सम्बंधित 3. हाव-भावों 4. खोजों, जिज्ञासाओं 5. सुनहरा या रुपहला चूर्ण

(68)

ख़ुदफ़रेबी[1] के लिए राहगुज़र चाहता हूँ
फिर कोई चेहरा सर-ए-बाम-ए-नज़र[2] चाहता हूँ

दश्त में क्या है जो बस्ती में नहीं है लेकिन
दिल ये कहता है बस कि दश्त में घर चाहता हूँ

हो चुका ख़त्म सफ़र बेसर-ओ-सामानी[3] का
यानी अब अपने लिए रख़्त-ए-सफ़र[4] चाहता हूँ

ऐसा लगता है कि अब उम्र यूँ ही गुज़रेगी
आइना टूट गया, आइनागर[5] चाहता हूँ

रंज-ओ-राहत से सरोकार कभी था लेकिन
अब ये ज़िद है कि कोई दर्द न सर चाहता हूँ

---

1. आत्म वंचना 2. दृष्टि की छत पर 3. जीने के लिए आवश्यक वस्तुओं का न होन
4. यात्रा का सामान 5. दर्पण बनाने वाला

(69)

गर तुझसे मुलाक़ात को बेताब न होते
आँखों में मेरी यूँ ही कई ख़्वाब न होते

हर बार यही सोच के लौट आये हैं हम लोग
पानी में उतर जाते तो गिरदाब[1] न होते

तेग़ों[2] की, सिनानों[3] की अदा ख़ूब है लेकिन
बस्ती के उजड़ने के ये असबाब[4] न होते

ये जोश-ए-जुनूँ दिल का मुख़ालिफ़ नहीं कोई
दरिया थे तो इतना कभी पायाब[5] न होते

---

1. भँवर 2. तलवारों 3. नोकों 4. कारण 5. उथले

(70)

बीनाई[1] जिसे देखने की ताब न लाये
मंज़र कोई ऐसे मेरी आँखों को दिखाये

हर चीज़ बदलती नज़र आती है जहाँ की
हम हैं कि उसी ख़्वाब को पलकों पे उठाये

ये रास्ते इतने कभी आसान नहीं थे
यादों के अलम[2] ले के यहाँ तक चले आये

ये देखते ही सबकी गुज़र जायेंगी उम्रें
इक आँख ने दीवार में दर कितने बनाये

सोते ही रहो यूँ ही अभी रात बहुत है
क्या होगा किसी याद के मंज़र अगर आये

---

1. दृष्टि 2. ध्वजा

(71)

शर्त जीने की अगर है तो हिसाब अपनी जगह
मेरे ख़्वाब अपनी जगह, मेरे सराब अपनी जगह

जो मिला है इसी दुनिया से मिला है मुझको
कोई कहता रहे अब इसको सराब अपनी जगह

एक सहरा-ए-हवृस[1] है मेरे दिल के अन्दर
यूँ ही शादाब रहें तेरे गुलाब अपनी जगह

मेरी दुनिया तेरी आँखें, तेरे लब, तेरा बदन
मेरा हासिल मेरा नज़्ज़ारा-ए-ख़्वाब[2] अपनी जगह

अपने अहबाब की बातें सभी सच हैं लेकिन
बज़्म में मैंने बनायी है जनाब अपनी जगह

शायरी से मगर इसका नहीं कोई सरोकार
मेरे नाक़िद[3] तेरी मोटी-सी किताब अपनी जगह

---

1. लोभ का जंगल 2. स्वप्नों का दृश्य 3. आलोचक

(72)

ये जहाँ ख़ूब है सब इसके नज़ारे अच्छे
इससे बढ़कर हैं, इसे चाहने वाले अच्छे

एक ही दौड़ में शामिल हों सभी लोग तो फिर
सारे अग़ियार[1] भले हैं, सभी अपने अच्छे

आज भी तेरी हिमायत है कि ऐ मौज-ए-बला[2]
चश्म-ए-ग़मनाक[3] भली, ख़ून के धारे अच्छे

किसकी तारीफ़ करें किसके क़सीदे लिक्खें
नफ़स-ए-मज़मून से बढ़कर हैं हवाले अच्छे

इन दिनों आब-ओ-हवा-ए-दिल-ओ-जाँ[4] बेहतर है
माहरुख़, माहजबीं माह के पारे[5] अच्छे

ये तो इक कार-ए-ज़ियाँ[6] है जो रहेगा जारी
हमसे आयेंगे सुख़नवर[7] अभी अच्छे-अच्छे

---

1. पराये लोग 2. आपत्तियों की तरंगों के थपेड़े 3. शोकपूर्ण आँख 4. हृदय और प्राण
की जलवायु 5. टुकड़े 6. हानि वाला कार्य 7. साहित्यकार, कवि

(73)

दीवारों में दर करके हैरानी की
आँखों ने अब के भी नाफ़रमानी[1] की

अब तक क़ैद हैं पुतली में कितने मंज़र
पलकों ने ख़्वाबों की क्या दरबानी की

हर तस्वीर अधूरी छूट गयी अब के
तनहाई में यादों ने मनमानी की

क्या कम है हम लोग अभी तक ज़िन्दा हैं
यूँ तो दरिया ने कितनी तुग़ियानी[2] की

तेरी आँखों से भी दुनिया देख चुके
कोई सूरत रह जाती नादानी की

---

1. आदेश का उल्लंघन   2. जल प्लावन

(74)

हवा चली तो परिन्दे भी गुनगुनाने लगे
दरख़्त वज्द[1] के आलम में गीत गाने लगे

कुशादा[2] होने लगे आसमाँ के दरवाज़े
फ़रिश्ते ले के सहीफ़े[3] ज़मीं पे आने लगे

कहीं पे कुछ भी न था दूर-दूर तक लेकिन
ग़रीब-ए-शहर[4] को हर सम्त आशियाने लगे

गुमाँ-गज़ीदा[5] हुए सारे लोग बस्ती के
तमाम रास्ते बस उसके घर को जाने लगे

बगूले उड़ने लगे हर तरफ़ फ़ज़ाओं में
जुनूँ के गीत सभी लोग गुनगुनाने लगे

मेरे ख़्याल के उड़ने लगे सभी औराक़[6]
तमाम भूले हुए क़िस्से याद आने लगे

---

1. आनन्द की अधिकता से उत्पन्न आत्म विस्मृति 2. विस्तृत 3. धर्मग्रन्थ 4. जो नगर
में किसी को जानता पहचानता न हो और यात्री की तरह पड़ा हो 5. भ्रम के डसे हुए
6. पृष्ठ

(75)

जो हमने ख़्वाब देखे हैं दौलत उसी की है
तनहाई कह रही है रफ़ाक़त[1] उसी की है

कब कोई शहर-ए-शब की हदें पार कर सका
यूँ मुफ़्त जान खोने की आदत उसी की है

कार-ए-जुनूँ[2] में अपना कोई दख़्ल ही नहीं
सहरा उसी का और ये वहशत उसी की है

नज़्ज़ारा दरमियान रहे, रतजगा करें
क़ामत[3] उसी का और क़यामत उसी की है

हम भी उदास रात के पहलू में हैं मगर
ठहरी शब-ए-फ़िराक़ जो साअत उसी की है

---

1. मैत्री 2. उन्माद का कार्य 3. शरीर

(76)

बाब-ए-रहमत[1] के मिनारे की तरफ़ देखते हैं
देर से एक ही तारे की तरफ़ देखते हैं

जिससे रोशन है जहान-ए-दिल-ओ-जान-ए-महताब[2]
सब उसी नूर के धारे की तरफ़ देखते हैं

रुख़ से पर्दा जो उठे वस्ल की सूरत बन जाये
सब तेरे हिज्र के मारे की तरफ़ देखते हैं

मोजज़न[3] एक समन्दर है बला का जिसमें
डूबने वाले किनारे की तरफ़ देखते हैं

आने वाले तेरे आने में है क्या देर कि लोग
कस-ओ-नाकस[4] के सहारे की तरफ़ देखते हैं

---

1. दया का द्वार 2. चन्द्रमा के हृदय और प्राण का संसार 3. तरंगें उठाता हुआ 4. ह
प्रकार का व्यक्ति

(77)

याद महल के वीराने में बाक़ी भी अब क्या होगा
देखें इन आँखों के आगे अब किसका चेहरा होगा

दूर बहुत दरिया से जिसको ख़ैमे नस्ब[1] कराने हैं
उसको पहले अपने आप के लश्कर से लड़ना होगा

उसके नाम से जलने लगे हैं देखो किन यादों के चिराग़
तनहाई के मंज़र में कुछ देर अभी रहना होगा

हिजरत[2] का दस्तूर यही है घर छोड़ो तो रात गये
वरना इन आँखों को दहलीज़ों में दफ़नाना होगा

उसके रास्ते में आगे-पीछे महताब खड़े होंगे
यही वक़्त है उसके आने का देखो, आता होगा

---

1. स्थापना   2. प्रवास

(78)

ज़मीं का ख़ौफ़ न डर आसमान का होता
तो इससे क्या ये ज़माना बदल गया होता

अगर कमान से सारे निकल गये थे तीर
तो फिर न कोई निशाना ख़ता हुआ होता

इन आँधियों का भरोसा नहीं कहाँ ले जाएँ
कोई तो रास्ता अपना बना लिया होता

मेरे जुनूँ का मुदावा' तो ख़ैर क्या होता
तुम्हारा फ़र्ज़ तो सर से उतर गया होता

कहूँ ज़बाँ से भी ऐ मेरे दोस्त आशुफ़्ता
जो तुम न होते तो मैं कब का मर गया होता

---

1. उपचार

(79)

किसी घर में, न माह-ओ-साल में, मौसम में रहते हैं
कि हम हिज्र-ओ-विसाल-ए-यार के आलम में रहते हैं

वही गुलगूँ¹ क़बा-ए-यार है नज़्ज़ारा-ए-हैरत
उसी नामेहरबाँ के गेसू-ए-पुरख़म² में रहते हैं

वही प्यासी ज़मीं है हल्क़ा-ए-जंज़ीर की सूरत
वही एक आसमाँ जिसके तले शबनम में रहते हैं

हमें ये रंग-ओ-बू की बात अब अच्छी नहीं लगती
बुरा क्या है जो हम अपनी ही चश्म-ए-नम³ में रहते हैं

गुज़र ही जायेगी उम्र-ए-रवाँ, आहिस्ता-आहिस्ता
अगरचे⁴ इल्म है, हम इक दम-ए-बेदम⁵ में रहते हैं

---

1. फूलों के रंग वाला 2. वक्रतापूर्ण अलकें 3. भीगी आँख 4. यद्यपि 5. निष्प्राण समय

उसे सुनायें कि ख़ुद ही सुनें तराना-ए-दिल[1]
हमें तो याद रहेगा सदा ज़माना-ए-दिल

लगा रहे हैं मज़ामीन-ए-नौ[2] के जो अम्बार
चला रहे थे यही लोग कारख़ाना-ए-दिल

जो पूछना है, ग़ज़ालान-ए-शहर[3] से पूछो
ख़ता हुआ न किसी से कभी निशाना-ए-दिल

किसी के नग़्मा-ए-आशुफ़्तगी[4] से शोर-अंगेज़[5]
यही ख़राबा[6] जो पहले कभी था ख़ाना-ए-दिल

हमेशा दाना-ए-दुर[7] पर निगाह थी लेकिन
तमाम ही नहीं होता था शाख़साना-ए-दिल[8]

कोई दुआ, कोई सजदा, कोई जुनूँ, कोई शौक़
फ़िराक़-ए-यार में कब से है आस्ताना-ए-दिल[9]

यही कि होते रहें फिर नये जहाँ आबाद
यही कि सुनते-सुनाते रहें फ़साना-ए-दिल

---

1. हृदय-गान 2. नये विषय 3. नगर के मृगशावक 4. व्याकुलता के गीत 5. उन्माद बढ़ाने वाला 6. निर्जन स्थान 7. मोती के दाने 8. हृदय की बाधा 9. हृदय की चौखट

(81)

जब भी उससे हाल-ए-दिल कह आये हैं
वापस आकर हम कितना पछताये हैं

तेरा चेहरा बिलकुल याद नहीं आता
बीच में जाने कैसे-कैसे साये हैं

तू अपनी राहों की मसाफ़त[1] कम कर दे
तेरी आहट की हम आस लगाये हैं

थककर वापस आने की जब बात चली
सबसे पहले हम घर वापस आये हैं

कितनी रातें जागती आँखों से काटीं
राज़ मगर ख़्वाबों के समझ न पाये हैं

---

1. दूरी, यात्रा

(82)

अपनी आँखों से हमेशा तेरा चेहरा देखूँ
तेरी आँखों से मगर सारा ज़माना देखूँ

कुछ दिखायी नहीं देता है कि मंज़र हैं बहुत
ताब-ए-नज़्ज़ारा' मिले मुझको तो क्या-क्या देखूँ

दूर तक राह में अब कोई नहीं, कोई नहीं
कब तलक बिछड़े हुए लोगों का रस्ता देखूँ

आँख बाहर किसी मंज़र पे ठहरती ही नहीं
घर में आऊँ तो वही हाल पुराना देखूँ

रात तो उसके तसव्वुर' में गुज़र जाती है
कोई सूरत हो कि मैं दिन भी गुज़रता देखूँ

---

1. देखने की सामर्थ्य 2. कल्पना

(83)

मालूम है तारीकी-ए-शब[1] कम नहीं होगी
सो आँख हमारी भी कभी नम नहीं होगी

जब उसने जलायी है, तो ये शमा जली है
अब रोशनी इसकी कभी मद्धम नहीं होगी

फिर वस्ल के असबाब भी बनते ही रहेंगे
फिर हिज्र की मुद्दत भी मगर कम नहीं होगी

जब याद रहेगा किसी दीवार का साया
सो धूप की शिद्दत भी कभी कम नहीं होगी

क्या देखता रहता है, इन आँखों में कि अब के
बरसात कोई दम, मेरे हमदम नहीं होगी

. रात का अँधियारा

(84)

ये ज़मीं, वो आसमाँ ऐसा न था
इस तरह दरिया कभी बहता न था

ज़ख़्म भी इतने हरे पहले न थे
ये चमन गुलरंग भी ऐसा न था

सर-बरहना॰ सूरजों के बीच थे
यूँ ख़याल-ए-यार बे-साया न था

इक सितारा दिल में रोशन था मगर
आँख ने उसको कभी देखा न था

उस तरफ़ ही देखता रहता था मैं
वो दरीचा देर तक खुलता न था

एक ही सहरा के बासी थे सभी
कोई अपना, कोई बेगाना न था

हर तरफ़ तारीक़ थी दुनिया मगर
इक चिराग़-ए-दिल॰ कभी बुझता न था

---

1. नंगे सिर 2. हृदय का दीपक

(85)

मिसाल-ए-सहरा[1] उदास आँखें
हैं किस क़दर बेलिबांस[2] आँखें

उसी के हिस्से में हैरतें हैं
हैं जिस क़दर जिसके पास आँखें

उदासियों से भरे बदन में
महकते ख़्वाबों की आस आँखें

हम अपना चेहरा भी ढूँढ लेंगे
अभी तो हैं उसके पास आँखें

किसी की आमद[3] की मुंतज़िर हैं
बिछी हुई आस-पास आँखें

1. जंगल की तरह 2. वस्त्रहीन 3. आगमन

(86)

देखना हो तो बुलन्दी पे पहुँचकर देखो
चारसू[1] छाये हुए शहर के मंज़र देखो

घर में बैठो तो कई साये परेशान करें
और निकलो तो कड़ी धूप को सर पर देखो

गोश[2] अगर हैं तो सुनो दिल के धड़कने की सदा
जू-ए-खूँ[3] चशम-ए-तहय्युर से बहाकर देखो

रोशनी उसके ख़यालों में कुछ ऐसी है कि बस
ध्यान आये तो हर इक राह मुनव्वर देखो

छोड़ आये थे जिन्हें अगले ज़माने में कभी
मौसम-ए-गुल में सभी चेहरे बराबर देखो

हमने क्या सर्फ़ किया खून-ए-जिगर शे'रों में
हम से बेहतर नहीं कोई भी सुख़नवर देखो

---

1. चारों ओर 2. कान 3. रक्त की नदी

(87)

कस-ओ-नाकस[1] हैं बहुत दस्त-ए-तलब[2] के आगे
सर-ए-पिन्दार[3] झुका जाता है सबके आगे

मुझसे वाबस्ता अज़ल से है कोई मौज-ए-सराब[4]
कब से मैं तश्नादहन[5] हूँ तेरे लब के आगे

अपने सूरज को भला किसके मुक़ाबिल रखिये
माँद पड़ जाते हैं सब ताब के तब के आगे

आज भी हूँ मैं उसी गिरिया-ए-शब[6] में महसूर[7]
जिनको जाना था वो सब जा चुके कब के आगे

बस इसी वास्ते रोशन है ये ग़मख़ाना-ए-दिल
इक शहर भी है कहीं हिज्र की शब के आगे

और क्या दौलत-ए-परवेज़ मिलेगी तुझको
हेच[8] है दौलत-ए-कुल शे'र-ओ-अदब के आगे

---

1. अच्छे और बुरे 2. याचना के लिए बढ़ा हुआ हाथ 3. अभिमान का सिर 4. मरुस्थल की तरंग 5. प्यासा मुख 6. रात्रि का रुदन 7. घिरा हुआ 8. तुच्छ

(88)

आईना भी अब देख के हैराँ नहीं होते
ये लोग किसी तौर परेशाँ नहीं होते

पलकों के लिए धूप के टुकड़ों की दुआ हो
साये कभी ख़्वाबों के निगहबाँ¹ नहीं होते

हम हुरमत-ए-दामान-ओ-क़बा² के नहीं क़ायल
वहशत में मगर चाक गिरेबाँ नहीं होते

कह दो कि यही आख़िरी हिजरत है हमारी
हर शहर में यूँ साहब-ए-ईमाँ³ नहीं होते

होते हैं कई काम मोहब्बत में भी ऐसे
मुश्किल जो नहीं हैं, मगर आसाँ नहीं होते

---

1. देख-भाल करने वाला 2. अंचल और चोग़ा की प्रतिष्ठा 3. ईमान वाले

(89)

तुझसे मिल बैठें तेरा सौदा करें
ऐ शब-ए-हिज्राँ¹ ! तेरा हम क्या करें

ये बगूला² राह से हट जाये फिर
तशना इन होंटों को इक दरिया करें

जी में आता है कभी पिछले पहर
ऐसा कुछ हो जाये बस रोया करें

दोस्त तो सारे यहीं पर जम्अ हैं
किसकी ग़ीबत³ और किसे रुसवा करें

है हुजूम-ए-आरजूमन्दी⁴ बहुत
अब इसे कुछ देर को तनहा करें

---

1. विरह की रात   2. चक्रवात   3. चुगली   4. अभिलाषाओं की भीड़

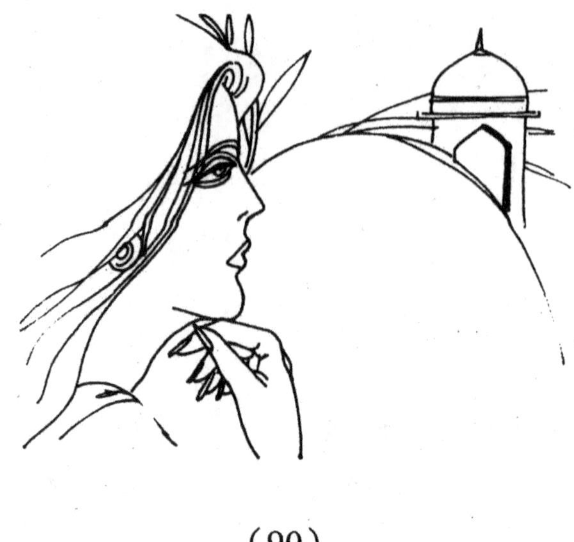

(90)

यूँ कार-ए-जहाँ[1] से कभी फुरसत नहीं होगी
ये सच है कि अब हम से मोहब्बत नहीं होगी

सब अपनी तमन्नाओं के नरग़े[2] में घिरे हैं
इनमें से किसी से भी बग़ावत नहीं होगी

ये ताज़ा हवाएँ तो परिन्दों के लिए हैं
पर ऊँची उड़ानों की इजाज़त नहीं होगी

सब कुछ वही होगा जिसे हम देख चुके हैं
पर दिन से सियह रात को निस्बत नहीं होगी

---

1. सांसारिक कार्य   2. घेरा

(91)

एक तूफ़ान का   सामान बनी है   कोई चीज़
ऐसा लगता है   कहीं छूट गयी है   कोई चीज़

सबको इक साथ बहाये लिए जाता है ये सैल[1]
वो तलातुम[2] है कि अच्छी न बुरी है कोई चीज़

एक मैं क्या   कि मह-ओ-साल   उड़े   जाते हैं
ऐ हवा ! तुझसे ज़माने में बची है कोई चीज़

इश्क़ ने ख़ुद रुख़-ए-गुलनार[3] को बख़्शा है फ़रोग़[4]
वरना कब अपने बनाये से बनी है कोई चीज़

यानी ज़ख़्मों के गुलिस्ताँ पे बहार आयी फिर
यानी अब भी मेरी आशुफ़्तासरी[5] है कोई चीज़

शायरी   क्या है   मुझे भी   नहीं   मालूम मगर
लोग कहते हैं कि ये दिल की लगी है कोई चीज़

---

1. पानी का बहाव 2. बाढ़ 3. अनार के फूल की मुखाकृति 4. उन्नति 5. विक्षिप्तता

(92)

(आशुफ़्ता चंगेज़ी के लिए)

हम भला कैसे ख़ुद अपना ही निशाँ ढूँढें बताओ
जिस्म से बाहर कहाँ पर अपनी जाँ ढूँढें बताओ

तुम तो अपनी रोशनी में ढूँढ़ते होगे कहीं
अपनी तारीक़ी में हम तुमको कहाँ ढूँढें बताओ

एक बेसम्ती[1] का आलम है, कोई तो हो सुराग़
ये गली, वो शहर या सारा जहाँ ढूँढें बताओ

तुम गुज़रते थे जहाँ से छोड़ जाते थे निशाँ
वो निशाँ तो सब्त[2] है दिल पर कहाँ ढूँढें बताओ

तुम सदा मौजूद रहते हो हमारे आस-पास
फिर भला तुमको कहाँ ऐ जान-ए-जाँ ढूँढें बताओ

गर नहीं देते हो तुम अपना हमें कोई पता
हम भी अपने वास्ते शहर-ए-गुमाँ[3] ढूँढें बताओ

---

1. दिशाहीनता 2. अंकित 3. भ्रमों का नगर

(93)

उल्फ़त में तमन्नाओं का सौदा नहीं करते
साये की ज़रूरत हो तो साया नहीं करते

क्यों गौर से सुनते हैं सब आवाज़-ए-जरस' को
मंज़िल की तरफ़ काफ़िले जाया नहीं करते

आँखों से कहो कोई नया ख़्वाब न देखें
पलकों पे बहुत बोझ उठाया नहीं करते

कममायगी-ए-ज़ौक़-ए-तलब' हम में है वरना
प्यासे कभी दरिया पे भरोसा नहीं करते

वहशत के सबक़ हमको सभी याद हैं अब तक
जुज़' इश्क़ कोई काम भी सीधा नहीं करते

. यात्री दल के घण्टे की ध्वनि 2. याचना की रुचि की पूँजी की कमी 3. अतिरिक्त

(94)

रंग-ए-उल्फ़त से   कोई रंग   सिवा   देखता हूँ
आ, कि अब दिल को नये ढंग से वा[1] देखता हूँ

तू   मेरे ख़्वाब की   ताबीर से   उलझे लेकिन
मैं तेरे   ख़्वाब से   इक ख़्वाब   नया   देखता हूँ

देखने   जाऊँ तो   हस्ती की   हक़ीक़त   अपनी
आइनाख़ाने   को,   आइनानुमा[2]   देखता   हूँ

दास्ताँ   अगले   ज़माने की   सुनाता हूँ   कोई
दर-ओ-दीवार को मैं   गिरता   हुआ   देखता हूँ

आसमाँ से   कोई   तारा है   उतरने   वाला
शौक़-ए-दीदार[3] में   हर चीज़   सिवा   देखता हूँ

---

1. खुला हुआ 2. दर्पण दिखानेवाला 3. देखने का व्यसन

(95)

हिज्र की मंज़िल हमें अब तक पसन्द आई नहीं
हम अकेले हैं मगर हमराह तनहाई नहीं

एक दिन छिन जायेगा आँखों से सारा रंग-ओ-नूर[1]
देख लो इनको कि ये मंज़र हमेशाई नहीं

इक जुनूँ के वास्ते बस्ती को वुसअत[2] दी गयी
एक वहशत के लिए सहरा में पहनाई[3] नहीं

कौन-से मंज़र की ताबानी[4] अँधेरा कर गयी
ऐसा क्या देखा कि अब आँखों में बीनाई नहीं

जब कभी फ़ुरसत मिलेगी देख लेंगे सारे ख़्वाब
ख़्वाब भी अपने हैं ये रातें भी हरजाई नहीं

---

1. रंग और प्रकाश 2. विस्तार 3. विस्तार 4. आभा

(96)

(आशुफ़्ता चंगेज़ी के लिए)

न इस गली में, न उस रहगुज़र में देखते हैं
उसे फ़साना-ए-शाम-ओ-सहर[1] में देखते हैं

वो एक ख़्वाब पुराना कि जिसको हम अक्सर
किसी मुफ़ारक़त-ए-ताज़ातर[2] में देखते हैं

तवील[3] शब की सियाही में इक सितारा-ए-शौक़[4]
उसीकी ज़िन्दगी-ए-मुख़्तसर[5] में देखते हैं

कभी-कभी तो बहुत ही अजीब लगता है
कि लोग उसको जहान-ए-दिगर[6] में देखते हैं

यही कि हौसले सब पस्त होते जाते हैं
यही कि अब उसे ख़्वाब-ओ-ख़बर में देखते हैं

वो ख़ाक, ख़ाक का पैवन्द हो न जाए कहीं
सो हम भी उसको फ़रेब-ए-सहर[7] में देखते हैं

---

1. संध्या और प्रात:काल की कथा 2. नया विरह 3. दीर्घ 4. अभिलाषा का तारा
5. संक्षिप्त जीवन 6. अन्य संसार 7. प्रात:काल की वंचना

(97)

आओ ये ख़ामोशी तोड़ें आईने से बात करें
थोड़ी हैरत आँख में भर लें, थोड़ी-सी ख़ैरात करें

हिज्र-ओ-विसाल के रंग थे जितने, तारीक़ी में डूब गये
तनहाई के मंजर में अब कौन-सा कार-ए-हयात[1] करें

देखो ! इसके बाद आयेगी और अँधेरी काली रात
धूप के इन टुकड़ों को चुन लें जम्अ यही ज़र्रात करें

प्यासों के झुरमुट में हैं और इतना सोच रहे हैं हम
आँखों के इस बोझलपन को कैसे नहर-ए-फ़ुरात[2] करें

पानी-पानी कहने वाले दरिया-दरिया डूब गये
किस मुँह से साहिल वालों से तश्नालबी की बात करें

---

1. जीवन का कार्य 2. फ़ुरात (इराक़ की एक नदी) की नहर

(98)

नशे में सफ़र के ऐसा हाल हो गया
दौड़ता रहा कि बस निढाल हो गया

मैं हूँ एक हर्फ़-ए-नातमाम[1] और वो
सनअत-ए-सानेअ[2] की इक मिसाल हो गया

उनका ज़िक्र क्या है जो कि ग़ैर से मिले
मैं भी तो असीर-ए-माह-ओ-साल[3] हो गया

दोस्तों का साथ छूटने से क्या हुआ
इस क़दर निढाल था, निहाल हो गया

धूप की शिद्दत से और कुछ नहीं हुआ
बस सफ़ेद सर का बाल, बाल हो गया

ऐसे लम्हों पर फ़िदा हूँ जिनमें उसका हुस्न
क़ैद क्या हुआ कि लाज़वाल[4] हो गया

खुश्क़ मिट्टियों में भी उगाई कैसी फ़स्ल
मेरे दोस्त ! मैं भी बाकमाल[5] हो गया

---

1. अपूर्ण शब्द 2. कलाकार की कला 3. महीने और वर्ष (सदैव) का बन्दी 4. अनश्वर
5. गुणवान

(99)

और होना है अभी बेसर-ओ-सामाँ कितना
रंज उठायेगा मगर ऐ दिल-ए-नादाँ कितना

दर्द तो दिल की रफ़ाक़त[1] के लिए होता है
बेसबब लोग किया करते हैं दरमाँ[2] कितना

हाकिम-ए-शह्र[3] को कुछ इसकी ख़बर है कि नहीं
शह्र की हद में दर आया है बयाबाँ कितना

जो भी होना है वो सब हो चुका अब देखते हैं
किसके हिस्से में है ज़ख़्मों का गुलिस्ताँ कितना

अब कोई दश्त में आये तो यही सोच के आये
वहशत-ए-दिल से ज़ियादा है गरीबाँ कितना

---

1. संगत   2. उपचार   3. नगर का शासक

(100)

दश्त में बैठ के घर देखते हैं
हम भी अब अपना हुनर देखते हैं

देखने के लिए दुनिया है बहुत
हम अभी तुझको मगर देखते हैं

एक-इक रोज़ का करते हैं हिसाब
एक-इक शब की सहर देखते हैं

बैठे-बैठे ही कटी जाती है उम्र
सफ़र-ओ-रख़्त-ए-सफ़र¹ देखते हैं

तेरे मंज़र तो वही हैं सारे
फिर भी हम बार-ए-दिगर² देखते हैं

देखना है तो उसी को देखें
क्यों इधर और उधर देखते हैं

---

1. यात्रा और यात्रा का सामान .2. पुन:

(101)

धूप की वादी में अपनी, कौन-सा मंज़र नहीं
शहर-ओ-सहरा[1] सब हमारे हैं मगर इक घर नहीं

मैं भी शामिल हो रहा हूँ ख़्वाहिशों की भीड़ में
मेरे शानों पर जो रक्खा है वो मेरा सर नहीं

ऐ हवा ! मैं चुन रहा हूँ रेत के ज़र्रे अभी
मेरी आँखों में कोई भी ख़्वाब का मंज़र नहीं

मेरी मिट्टी में मेरी ख़ुशबू है, मेरा रंग है
मैं दर-ओ-दीवार की तहज़ीब से बाहर नहीं

पिछली रुत में जो सराबों के सफ़र में साथ थे
इस बरस इस धूप में, यादों के वो लश्कर[2] नहीं

फ़ासलों के रंग गहरे हैं कि मिटते ही नहीं
और मेरे मंज़र फ़सील-ए-जिस्म[3] से बाहर नहीं

---

1. नगर और जंगल   2. सेना   3. शरीर का परकोटा

(102)

हम सफ़र के वास्ते पूरी तरह तैयार थे
दूर तक फैले हुए लेकिन दर-ओ-दीवार थे

लोग कहते हैं उसे परियाँ उठाकर ले गयीं
वो मेरा हमज़ाद' जिसके खेल भी दुश्वार थे

धुंध में लिपटी लक़ीरों से बहुत डरते थे हम
ग़ौर से देखा तो सारे रास्ते हमवार² थे

बेहिसी³ ने सारे रोशन नक़्श धुँधले कर दिये
वरना क्या-क्या मसअले दिल के लिए आज़ार थे

एक मुद्दत हो गयी वो ख़्वाब भी देखे नहीं
अजनबी-सी आहटों के जिनमें कुछ आसार थे

---

1. साथ पैदा होने वाला 2. समतल 3. अचेतनता

(103)

अगर कोई ख़लिश-ए-जाविदाँ[1] सलामत है
तो फिर जहाँ में ये तर्ज़-ए-फ़ुगाँ[2] सलामत है

अभी तो बिछड़े हुए लोग याद आयेंगे
अभी तो दर्द-ए-दिल-ए-रायगाँ[3] सलामत है

अगरचे इसके न होने से कुछ नहीं होता
हमारे सर पे मगर आसमाँ सलामत है

सभी को शौक़-ए-शहादत तो हो गया है मगर
किसी के दोश[4] पे सर ही कहाँ सलामत है

हमारे सीने का ये ज़ख़्म भर गया है तो क्या
अदू के तीर, अदू की कमाँ सलामत है

जहाँ में रंज-ए-सफ़र[5] हम भी खींचते हैं मगर
जो गुम हुआ है, वही कारवाँ सलामत है

---

1. शाश्वत चिन्ता   2. आर्त्तनाद का स्वभाव   3. व्यर्थ की हृदय की पीड़ा   4. कंधा
5. यात्रा का कष्ट

(104)

ये मंज़र देख के हमको परेशानी नहीं होती
तबीअत में अगर थोड़ी-सी नादानी नहीं होती

ये सब कार-ए-जुनूँ, कार-ए-तमन्ना में बदल जाता
जो इन दुश्वारियों में एक आसानी नहीं होती

हमारे दिन, हमारे वास्ते इक बोझ बन जाते
अगर रातों पे ख़्वाबों की निगहबानी नहीं होती

इधर, इस पार सारा जिस्म ग़र्क़-ए-आब है लेकिन
उधर उस पार अब दरिया में तुग़ियानी नहीं होती

कस-ओ-नाकस के आगे क्यों सर-ए-पिन्दार झुकता है
कभी सिजदों से ख़ाली क्यों ये पेशानी नहीं होती

---

1. उन्माद का कार्य 2. इच्छित कार्य 3. जलमग्न

(105)

तमाम मरहले[1] उस नाम से हैं सैर होना
कि उसके नाम पे लिखा है मोतवर[2] होना

वो जिसकी ख़ाक मिरी पुतलियों में चुभती है
उसी ज़मीन पे लिखा हुआ है घर होना

किसी की आँख में उतरे हैं ख़्वाब के मंज़र
कहो हवा से कि उसको है तेज़तर होना

तुम्हारे वास्ते लिखा गया है दुनिया में
तुम्हें किसी का उसे तेरा मुंतज़िर होना

मेरी ज़मीन मेरे साथ-साथ चलती है
वगरना[3] मेरे लिए था तो दर-ब-दर होना

---

1. गंतव्य   2. विश्वस्त   3. अन्यथा

(106)

इक रोज़ बिछड़ जायेंगे दिन सूरजों वाले
फिर दिन न कभी आयेंगे ख़ुशफ़हमियों वाले

इन प्यासी ज़मीनों की तमन्नाएँ सिवा हैं
तुम कौन-से इस शहर में हो वहशतों वाले

तनहाई मिरी पूछती है मुझसे कि ऐ दोस्त
किस सम्त गये क़ाफ़िले परछाइयों वाले

या आँख मेरी हो गयी मानूस[1] जहाँ से
या खो गये मंज़र वो सभी हैरतों वाले

मैं अपनी तमन्नाओं के नरग़े[2] में घिरा हूँ
दे रास्ता मुझको भी कोई रास्तों वाले

---

1. आसक्त   2. घेरा

(107)

एक पल में दम-ए-गुफ़्तार[1] से लब तर हो जाए
तुझसे जो बात भी कर ले वो सुख़नवर हो जाए

अब यहाँ सिर्फ़ परी-चेहरा रहेंगे आकर
और कोई इनके अलावा है तो बाहर हो जाए

हो गया रिश्ता-ए-जाँजाँ[2] फिर दिल-ए-नादान के साथ
इस सिपाही की तमन्ना है कि लश्कर हो जाए

अब के ठहराई है हमने भी यही शर्त-ए-वफ़ा
जो भी इस शहर में आये वो सितमगर हो जाए

यानी ऐ दीदा-ए-तर ! तेरी इनायत है कि बस
वरना मैदान-ए-सुख़न[3] आज भी बंजर हो जाए

हमने आशोब[4] के आलम में कही है ये ग़ज़ल
सो ये ख़्वाहिश है कि हर शे'र गुल-ए-तर हो जाए

. वाक्शक्ति   2. प्राणों का सम्बन्ध   3. काव्य का क्षेत्र   4. उथल-पुथल

(108)

हौसला इतना अभी यार नहीं कर पाये
खुदा को रुसवा[1] सर-ए-बाज़ार नहीं कर पाये

दिल में करते रहे दुनिया के सफ़र का सामाँ
घर की दहलीज़ मगर पार नहीं कर पाये

हम किसी और के होने की नफ़ी[2] क्या करते
अपने होने पे जब इसरार[3] नहीं कर पाये

साअत-ए-वस्ल[4] तो क़ाबू में नहीं थी लेकिन
हिज्र की शब का भी दीदार नहीं कर पाये

ये तो आराइश-ए-महफ़िल[5] के लिए था वरना
इल्म-ओ-दानिश[6] का हम इज़हार नहीं कर पाये

---

1. निन्दित 2. अस्वीकृति 3. हठ 4. मिलन का क्षण 5. सभा की सजावट 6. बु[द्धि]
और विवेक

(109)

बस एक दर पे नज़र जाके रुक गयी क्यों है
फ़रेबख़ुर्दा[1] तबीअत में बेहिसी क्यों है

हर एक सम्त से दुनिया बुला रही है मुझे
हर एक मोड़ पे रस्तों की भीड़-सी क्यों है

डरा रहे हैं मुझे दूर-पास के मंज़र
मेरी ज़मीन मेरा साथ छोड़ती क्यों है

न कोई बात ही होती, न मसअला कोई
कुसूरवार है ये आँख, देखती क्यों है

वही विसाल के मौसम, वही बहार के दिन
ख़ुलूस-ए-यार[2] में फिर इन दिनों कमी क्यों है

---

1. धोखा खायी हुई   2. मित्र की निष्कपटता

(110)

दिल के बहलाने को सामाँ चाहिए
मेरी वहशत को   बयाबाँ चाहिए

हिजरतें होनी थीं जितनी हो चुकीं
पाँव में ज़ंजीर-ए-जानाँ   चाहिए

ख़्वाब तो देखे हैं आँखों ने बहुत
पर कोई इनका निगहबाँ चाहिए

अपने वीराने में दम घुटने लगा
कोई सूरत, कोई इमकाँ   चाहिए

कारोबार-ए-इश्क़ है मुश्किल बहुत
मुझको कोई काम आसाँ चाहिए

---

1. प्रेयसी की शृंखला 2. सम्भावना 3. प्रेम-व्यवसाय

(111)

महव-ए-नज़्ज़ारा-ए-हैरत[1] है   हवा   पहली बार
मुझपे   दरवाज़ा-ए-महताब[2]   खुला   पहली बार

अब न   एहसान करें   मुझपे ये   काली रातें
इस अँधेरे में   जला कोई   दिया   पहली बार

अब धनक रंग   बहुत साफ़   नज़र   आते हैं
अपने आईने में   आयी है जिला[3] पहली बार

इक हक़ीक़त ने किया ख़्वाब-सा जादू मुझ पर
और मैं   देर तलक   सोता रहा   पहली बार

और फिर दश्त-ए-जुनूँ मुझको बहुत याद आया
चाक-ए-दामाँ जो अभी मैंने सिया पहली बार

---

1. आश्चर्य के दृश्य में लीन   2. चाँद का द्वार   3. आभा

(112)

खुद को जितना वो जम्अ करता है
उससे बढ़कर कहीं बिखरता है

आँसुओं की झड़ी लगी है यहाँ
कौन इस बाढ़ में ठहरता है

है हक़ीक़त भी दिल-फ़रेब[1] बहुत
ख़्वाब का-सा गुमाँ गुज़रता है

आसमानों से जिसका हो रिश्ता
वो ज़मीनों पे कब उतरता है

जाने वाले चले गये आख़िर
कौन किस के लिए ठहरता है

---

1. हृदय को छलने वाली

(113)

रंग में डूबी हुई, ख़ुशबू भरी लगती है धूप
तू अगर हमराह है तो चाँदनी लगती है धूप

एक दिन वो था कि थी इससे शनासाई[1] बहुत
आज तेरे शह्र में भी अजनबी लगती है धूप

इन पियादापाइयों[2] में है सफ़र बेसम्त का
रहम कर ऐ महरम-ए-तश्नालबी[3] लगती है धूप

सारे दरबाज़े मुक़फ़्फ़ल[4] हैं, सभी राहें ख़मोश
साया-ए-दीवार से चिपकी हुई लगती है धूप

कैसी ये आँखें हैं, इनके रंग ही कुछ और हैं
इन झरोखों से कोई देखे भली लगती है धूप

---

1. जान-पहचान 2. पैदल चलना 3. प्यास का भेद जानने वाला 4. जिनमें ताला पड़ा
हो

(114)

उस बज़्म के आदाब[1] से अन्जान रहेंगे
पर उनकी हर इक बात पे कुर्बान रहेंगे

दुनिया के तरीके हमें अच्छे नहीं लगते
नादान अगर हम हैं तो नादान रहेंगे

कुछ और बदल जायेगी इक रोज़ ये दुनिया
कब तक हम इसी बात पे हैरान रहेंगे

बस आने ही वाले हैं वो अगले से ज़माने
आबाद गली-कूचे भी सुनसान रहेंगे

हमको भी भरम रखना है अब अहल-ए-जुनूँ[2] का
हाथों में हमारे ही गरीबान रहेंगे

इक ऐसा दिन आयेगा कि मर जायेंगे सब लोग
चढ़ते हुए दरिया में न तूफ़ान रहेंगे

---

1. शिष्टाचार   2. पागल लोग

(115)

जीने का हिसाब लिख रहा हूँ
दरियां को सराब लिख रहा हूँ

ये शह्र है कितने सूरजों का
चेहरे का गुलाब लिख रहा हूँ

आँखों के चिराग़ जल रहे हैं
यादों का निसाब[1] लिख रहा हूँ

जैसे वो उतर रहा है दिल में
उल्फ़त की किताब लिख रहा हूँ

---

1. पाठ्यक्रम

(116)

ये दश्त¹ और न घर रास आ रहा है मुझे
न जाने कौन-सा मंज़र बुला रहा है मुझे

मैं आ गया हूँ बहुत दूर अपने साहिल से
कोई क़रीब से दरिया दिखा रहा है मुझे

हिसार-ए-तश्नालबी² से मिले सफ़र कैसे
कि सतृह-ए-आब पे कोई बहा रहा है मुझे

ख़याल तक नहीं आता कि तुझसे पहले भी
किसी से और कोई वास्ता रहा है मुझे

नुज़ूल-ए-शब³ है यहाँ ख़्वाब के दरीचों पर
कहानियों का ख़ुदा याद आ रहा है मुझे

---

1. जंगल   2. प्यास का घेरा   3. रात का उतरना

(117)

उसकी यादों में दिन गुज़र जाएँ
उम्र यूँ ही तमाम कर जाएँ

दिल ये कहता है एक और सफ़र
पाँव कहते हैं अपने घर जाएँ

वो नहीं है तो अब रहा क्या है
क्यों न दुनिया से अब मुकर जाएँ

याद आती है बिछड़े लोगों की
ये शब-ओ-रोज़ कुछ ठहर जाएँ

रास्ता, रास्तों ने काट दिया
किसको आवाज़ दें किधर जाएँ

(118)

न कोई साया, न सूरत उदास रहता हूँ
तेरे ख़याल के मंज़र में भी अकेला हूँ

मसर्रतों के दरख़्तों पे फूल आते थे
मताअ'-ए-दर्द[1] नहीं थी, ख़रीद लाया हूँ

ग़रीब-ए-शहर को देखूँ तो घर न याद आये
वतन से दूर हूँ अब के बहुत. अकेला हूँ

मेरे ख़ुदा ! मेरी वहशत में कुछ कमी कर दे
रग-ए-गुलाब[2] से संग-ए-गिराँ[3] उठाता हूँ

मैं तेरे नाम से रोशन करूँगा शहर. तमाम
तेरे लिए मैं हसीं माहताब लाया हूँ

---

1. कष्ट की पूँजी   2. गुलाब की शिरा   3. भारी पत्थर

(119)

किसी को क्या पड़ी है ये ज़रूरत किसको होती है
मोहब्बत करने वालों से मोहब्बत किसको होती है

जो होता है उसी पर ग़मज़दा[1] ये लोग रहते हैं
जो होता ही नहीं उसकी शिकायत किसको होती है

ज़मीं पर पाँव रखने की जगह मिल जाए फिर देखें
जहाँ में आसमानों की ज़रूरत किसको होती है

तुम्हें मालूम है बाग़-ए-तमन्ना कैसे पलता है
उठायें रंज फिर देखें कि राहत किसको होती है

अगर कुछ देर को सारे हवाले ख़त्म हो जाएँ
तो फिर ये ज़िन्दगी जीने की हसरत किसको होती है

बहुत आसान है जीना बहुत आसान है मरना
मगर मालूम है इतनी महारत किसको होती है

कोई तिनका ही मिल जाये तो फिर उस पार हो जाएँ
जो कहते थे सहारे की ज़रूरत किसको होती है

ख़शा[1] वो लोग जो मसरूफ़ हैं कार-ए-मोहब्बत में
भला कार-ए-जहाँ से इतनी फ़ुरसत किसको होती है

---

1. वाह-वाह

(120)

वो देखो शाम फिर से आ रही है
मेरी आँखों पे बदली छा रही है

अभी तारीक़[1] हो जायेगी दुनिया
कि सूरज की सवारी जा रही है

उधर उस सम्त इक ख़ाली मकाँ से
सदा-ए-साज़-ए-गिरिया[2] आ रही है

कहीं इश्क़-ओ-हवस कुछ भी नहीं है
कोई सूरत मगर भरमा रही है

कहीं सोज़-ए-निहानी[3] बे असर है
कहीं गर्द-ए-मलाली छा रही है

---

1. अँधेरी   2. रुदन के वाद्ययंत्र का स्वर   3. आंतरिक तपन

कहा करते थे जिसको शाम-सी शाम
वही अब शाम-ए-ग़म कहला रही है

मगर कुछ देर की है शाम-ए-फ़ुरक़त[1]
विसाल-ए-यार की शब आ रही है

अभी महताब आयेगा सर-ए-बाम[2]
अभी उसकी किरन शरमा रही है

---

1. विरह की संध्या 2. छत पर

(121)

कुछ दिन   मेरी आँखों में   ये तूफ़ान रहेगा
फिर   शहर   रहेगा   न   बियाबान   रहेगा

ये बूँद   लहू की   यूँ ही   हंगामा   करेगी
आबाद , यूँ   ही   ख़ाना-ए-वीरान   रहेगा

कब गुन्चा-ए-उम्मीद[1]   खिलाए से खिला है
ये   ख़्वाब-ए-परेशान,   परेशान   रहेगा

अब वो भी बिछड़ता है, बिछड़ जाए, बला से
कुछ नफ़अ[2] का सौदा है जो नुक़सान रहेगा

इस तख़्त-ए-अल्फ़ाज़[3] पे महताब की सूरत
बिल्क़ीस-ए-सुख़न[4] तेरा सुलेमान[5] रहेगा

---

1. आशा की कली 2. लाभ 3. शब्दों का सिंहासन 4. काव्य की बिल्क़ीस (यमन के
एक नगर सबा की महारानी) 5. हज़रत दाऊद के बेटे और बनी इसराइल के मशहूर पैग़म्बर

(122)

न तुझसे और न दिल-ए-ज़ार[1] से उलझता हूँ
मगर मैं इश्क़ की बेगार से उलझता हूँ

खड़ा हुआ हूँ इसी रहगुज़र पे बरसों से
न तेरे दर से, न दीवार से उलझता हूँ

कभी तो मोल लगाता हूँ अपना भी लेकिन
कभी मैं गर्मी-ए-बाज़ार से उलझता हूँ

बड़े-बड़ों को भी ख़ातिर में मैं नहीं लाता
कभी तो अपने ही मेयार से उलझता हूँ

मैं रोज़-रोज़ ग़ज़ल इसलिए नहीं कहता
ख़याल-ए-ख़ाम[2] के इज़हार से उलझता हूँ

---

1. अशक्त हृदय 2. अपरिपक्व विचार

(123)

जब से तेरे बदन के गुलाब आस-पास हैं
लगता है सब ख़ज़ाना-ए-ख़्वाब आस-पास हैं

जैसे धुले-धुलाए खड़े हों हुज़ूर-ए-यार
दिल आईने के चश्मा-ए-आब आस-पास हैं

अपने ख़याल-ओ-ख़्वाब के अंबार के तले
खुश हैं कि सब हमारे सराब आस-पास हैं

अब भी हम अपने आप से कुछ दूर-दूर हैं
अब भी वही सवाल-ओ-जवाब आस-पास हैं

या हम ही हो गए हैं तही-दस्त[1] इन दिनों
या ज़िन्दगी के सारे हिसाब आस-पास हैं

---

1. ख़ाली हाथ

वो बस्तियाँ, वो बाम, वो दर कितनी दूर हैं
महताब, तेरे चाँद-नगर कितनी दूर हैं

वो ख़्वाब जो ग़ुबार-ए-गुमाँ[1] में नज़र न आये
वो ख़्वाब तुझसे दीदा-ए-तर कितनी दूर हैं

बाम-ए-ख़याल-ए-यार[2] से उतरे तो ये खुला
हमसे हमारे शाम-ओ-सहर कितनी दूर हैं

ऐ आसमान इनको जहाँ होना चाहिए
उस ख़ाक से ये ख़ाकबसर[3] कितनी दूर हैं

बैठे-बिठाए दिल के सफ़र पर निकल तो आए
लेकिन वो मेहरबान-ए-सफ़र[4] कितनी दूर हैं

ये भी ग़ज़ल तमाम हुई, शाम हो चुकी
अफ़्सून-ए-शायरी[5] के हुनर कितनी दूर हैं

---

1. भ्रम की धूल 2. मित्र के ध्यान की छत 3. सिर पर धूल उड़ाता हुआ 4. यात्रा का
कृपालु 5. काव्य का जादू

(125)

हज़ारों जुल्म हम सहते रहेंगे
तमन्ना-ए-दिली[1] कहते रहेंगे

यूँ ही बाक़ी रहेगी खुश्कसाली[2]
ये दरिया भी यूँ ही बहते रहेंगे

मकान-ए-दिल कई ख़ाली थे लेकिन
जहाँ रहते थे हम, रहते रहेंगे

नयी तामीर होगी और पुराने
दर-ओ-दीवार भी ढहते रहेंगे

कोई मौसम हो पर आँखों से आँसू
बहे हैं, और सदा बहते रहेंगे

रहें दाइम हमारे पढ़ने वाले
ग़ज़ल के शे'र हम कहते रहेंगे

---

1. हृदय की अभिलाषा 2. वर्षा का अभाव 3. सदैव

(126)

गली-कूचे, मोहल्ले, शहर वीराँ होते रहते हैं
पस-ए-ख़्वाब-ए-तमन्ना' हम पशेमाँ होते रहते हैं

लड़ा करते थे पहले आसमानों से, ज़मीनों से
अब अपने आप से दस्त-ओ-गिरेबाँ होते रहते हैं

कहीं बाद-ए-ख़िज़ानी⁴ बस्तियों में रक़्स करती है
कहीं आबाद भी शहर-ए-बियाबाँ होते रहते हैं

यही तो ज़ख़्म-ए-दिल की सुख़रुई⁵ का ज़माना है
इसी मौसम में ये गुल से गुलिस्ताँ होते रहते हैं

हमें मंज़ूर भी बस इसलिए दुनिया से यारी है
यहाँ मेहर-ओ-मह-ओ-अख़्तर⁶ दरख़्शाँ होते रहते हैं

कि जिस के नाम से ये शायरी परवान चढ़ती है
उसी के नाम से हम भी नुमायाँ होते रहते हैं

---

1. इच्छा-स्वप्नों के पीछे 2. लज्जित 3. हाथापाई करते हुए 4. पतझड़ की वायु
5. सम्मान 6. सूरज, चाँद और तारे 7. चमकते हुए 8. व्यक्त

(127)

होने को मेरी जान यहाँ क्या नहीं हुआ
पूरा मगर ये ख़्वाब-ए-तमन्ना नहीं हुआ

बस एक ग़म है जिसको लिए फिर रहे हैं हम
बस एक ग़म है जिसका मुदावा[1] नहीं हुआ

जैसे कि अपने आप से बेगाने हो गए
जैसे कि अपने आप से मिलना नहीं हुआ

आती है याद अब भी किसी की, किसी के साथ
खुश हूँ कि कोई ज़ख़्म पुराना नहीं हुआ

वो जिसको जो भी होना था होते रहे मगर
पर यूँ हुआ कि अपना ही होना नहीं हुआ

---

1. उपचार

(128)

मतलब के लिए हैं, न मआनी[1] के लिए हैं
ये शे'र   तबीयत की   रवानी के   लिए हैं

वो चश्म अगर सहर-ए-बयानी[2] के लिए है
ये लब तो   मेरी तश्नादहानी   के   लिए हैं

जो मेरे शब-ओ-रोज़ में शामिल भी नहीं थे
किरदार   वही   मेरी   कहानी के   लिए हैं

ये दाग़,   मोहब्बत की   निशानी के   अलावा
ऐ इश्क़,   तेरी   मर्सिया-ख़्वानी[3]   के   लिए हैं

आती है सुकूत-ए-सहर-ओ-शाम[4] की आवाज़
दरअस्ल तो हम नक़्ल-ए-मकानी[5] के लिए हैं

जो रंग गुल-ओ-लाला-ओ-नसरीं[6] से थे मन्सूब[7]
वो रंग   अब आशुफ़्ता-बयानी के लिए हैं

---

1. अर्थ 2. बातचीत का जादू 3. मर्सिया (शोकगीत) पढ़ना 4. प्रातःकाल और संध्या
का मौन 5. स्थानांतरित होना 6. फूलों के नाम 7. सम्बोधित

(129)

गई   दिल से यूँ बेक़रारी गई
कि ज्यों जान, तन से हमारी गई

हुआ दर्द सीने से ग़ायब हुआ
जो छाई थी,   वो सोगवारी गई

चली ऐसी बाद-ए-ख़िज़ानी चली
कि मौज-ए-हवा-ए-बहारी[1] गई

इसी हार में जीत की बात है
सो बाज़ी मोहब्बत की हारी गई

है पेशा सुख़न का समझ से परे
रही कुछ कि इज़्ज़त हमारी गई

---

1. वसंत ऋतु की वायु तरंग

(130)

उसकी   पेशानी पे   बोसों के   भरम   बढ़ते रहे
मेरे सीने पर इधर जंगल कोई उगता गया

वो मोहब्बत भी   तेरी थी,   ये अदावत[1] भी तेरी
दरमियाँ मैं था कि बस   बेकार का   मारा गया

उसकी आँखें, उसके लब, उसके बदन का हर ख़याल
दिन-ब-दिन इस ज़ेहन में उसका ख़लल बढ़ता गया

याद आते हैं   मुझे वो शहर,   वो मंज़र सभी
रोशनी के   रक़्स[2] में सबकुछ मगर धुँधला गया

डूबते चेहरे,   उदासी के   बदन,   बेरंग-ओ-नूर
ये बरस भी हिज्र का दामन बहुत फैला गया

---

1. शत्रुता   2. नृत्य

(131)

हमें तुझ से मोहब्बत है, हमें दुनिया से यारी है
ये दुनिया भी हमारी है, वो दुनिया भी हमारी है

हम अहल-ए-दर्द[1] हैं, हर वक़्त मसरूफ़-ए-तमन्ना[2] हैं
हमीं को होशियारी है, हमीं को बेक़रारी है

जहाँ के खेल में सब एक जैसे हम को लगते हैं
ये बाज़ी किसने जीती है, ये बाज़ी किसने हारी है

खुली आँखों से देखो तो, ये दुनिया ख़ूबसूरत है
हसीं तू है, जवाँ हम हैं, कहाँ की सोगवारी है

ये सब सच है मगर अहल-ए-वफ़ा के वास्ते लोगो !
अज़ल[3] से ये जहान-ए-रंग-ओ-बू हम सब पे भारी है

---

1. पीड़ित लोग   2. कामनाओं में व्यस्त   3. अनादि काल

(132)

आँख को उस सम्त के मंज़र नज़र आयेंगे क्या
आँसुओं की बाढ़ से यूँ ही गुज़र पायेंगे क्या

कर लिया महसूस ख़्वाबों के दरीचों से उसे
वो तो खुशबू है, भला खुशबू को छू पायेंगे क्या

आसमानों से वही आने का मौसम है मगर
इस ज़मीं के लोग इतना बोझ सह पायेंगे क्या

आस्तीनों में हमारे बुत¹ अभी महफ़ूज़ हैं
हम जो ज़िन्दा हैं तो फिर इनसे मफ़र² पायेंगे क्या

रात के पहलू में रहकर हो गये उसके असीर
चाँद-तारे अब भला दिन में नज़र आयेंगे क्या

---

1. मूर्ति   2. बचाव

हर   सूरत   पहचानी-सी
लगती   है   बेगानी-सी

हम थे और दयार-ए-इश्क़[1]
जीने   की   आसानी-सी

हलचल रहती थी दिल में
दरिया   की   तुग़ियानी-सी

इक   तस्वीर   उजालों   की
नीली,   पीली,   धानी-सी

वो   सूरत   भी   भूल   गये
'गुड़िया इक   जापानी-सी'

लेकिन अब भी ज़िन्दा हैं
होती   है   हैरानी-सी

बरसों   बाद   मिली   कोई
इक   सूरत   अनजानी-सी

---

1. प्रेम-स्थल

(134)

दयार-ए-शौक़[1] में वहशत का अब सामाँ नहीं होगा
समन्दर के लिए   अगले बरस   तूफ़ाँ नहीं होगा

सिमटते मंज़रों में अब कोई आवाज़-ए-पा[2] कैसी
दरख़्तों के लिए   पैग़ाम-ए-रुतइमकाँ   नहीं होगा

बहुत मुश्किल पड़ेगी कार-ए-दुनिया से शनासाई
सफ़र जो पाँव से लिपटा है अब आसाँ नहीं होगा

फ़िराक-ओ-वस्ल की चादर पे बोसों के निशाँ होंगे
मुकद्दस[3] शब की रुख़-तहरीर का उन्वाँ नहीं होगा

अकेला फिर रहा हूँ   दर्द की   तारीक़ गलियों में
सुना करता था ये कूचा[4] कभी वीराँ नहीं होगा

---

1. अभिलाषा का स्थल 2. पगध्वनि 3. पवित्र 4. गली

(135)

तुमने भी मेरी जान भला कब किया है इश्क़
हम तो यूँ ही उदास रहे जब किया है इश्क़

सब को रहेंगी याद यही ख़ुश-बयानियाँ
मुँह से हमारे फूल झड़े जब किया है इश्क़

अब तक तो हम-से लोग किसी काम के न थे
अब काम मिल गया है मेरे रब किया है इश्क़

पहले तो थीं हर एक से शिकवे-शिकायतें
अब क्यों रहेगा कोई गिला जब किया है इश्क़

वाइज़[1] को एतराज़ अगर है तो होने दो
पहले नहीं किया था मगर अब किया है इश्क़

---

1. धर्मोपदेशक

(136)

पहले आहट का साया महसूस किया था साँसों ने
फिर तेरे चेहरे को देखा होगा मेरी आँखों ने

लोगों ने जब पहले-पहल इस बस्ती को आबाद किया
सबसे पहले शोर मचाया था शायद सन्नाटों ने

किसके हिस्से में आयेंगे तश्नालबी[1] के ये लम्हे
रुख़ दरिया की सम्त किया है देखो, चन्द सवारों ने

मैं इक हर्फ़-ए-ग़लत था अपनी सौत-ओ-सदा[2] से बेबहरा[3]
मुझको होने का एहसास दिलाया तेरी बातों ने

तेरी पेशानी पर लिक्खे कितने लफ़्ज़ मोहब्बत के
तेरे चेहरे पर महताब बनाये कितने बोसों ने

---

1. प्यास   2. ध्वनि   3. वंचित, अभागा

(137)

अकेले ही   हमें दुनिया के   हर मंज़र   में रहना है
अभी कुछ दिन यूँ ही दीवार-ओ-बाम-ओ-दर[1] में रहना है

न जाने किस हवस के ख़्वाब दिखलाता है वो मुझको
अभी   कुछ और ही   सौदा[2]   हमारे सर में   रहना है

हमारी ख़्वाहिशें   अपनी जगह पर   सच सही लेकिन
वो मूरत है,   उसे यूँ ही सदा   पत्थर में   रहना है

भला मालूम है किस को   दिल-ए-बेताब की   मंज़िल
कभी इस दर पे रहना है, कभी उस घर में रहना है

बजुज़[3] मश्क़-ए-सुख़न[4] कुछ काम भी अपना नहीं शायद
सो अब ता-उम्र हम को बस इसी चक्कर में रहना है

---

1. दीवार, छत और द्वार 2. पागलपन 3. अतिरिक्त 4. काव्याभ्यास

(138)

ग़र तुझसे   मुझे इतनी   मोहब्बत नहीं होती
यूँ रंज उठाने में   भी लज़्ज़त[1]   नहीं होती

क्यों वस्ल के असबाब[2] बना करते हैं हर शब
क्यों हिज्र की पूरी कभी मुद्दत नहीं होती

अब उसकी कोई बात भी दिल को नहीं भाती
अब उसकी किसी बात में शिद्दत नहीं होती

ये दिल है कि जो टूट गया, टूट गया बस
शीशे की   किसी तौर   मरम्मत   नहीं होती

फिर कौन   तुझे मानता   यकता-ए-ज़माना[3]
अशआर में तेरे जो ये जिद्दत[4] नहीं होती

---

1. आनन्द 2. कारण 3. संसार में अद्वितीय 4. अनोखापन

(139)

नया सफ़र है, नये बादबान[1] खोले जाएँ
नयी ज़मीं पे नये आसमान खोले जाएँ

उतर रहे हैं अब आँखों में ख़्वाब के मंज़र
सो आँख बन्द रहे, सायबान खोले जाएँ

मैं इस्तआरा-ए-दिल[2] हूँ कि खोलता हूँ पर
मेरी उड़ान को सात आसमान खोले जाएँ

बरहना[3] जिस्म पे रोशन हों दिल की तहरीरें
बदन-किताब के सारे बयान खोले जाएँ

---

1. पोतपट 2. हृदय का रूपक 3. नग्न

(140)

बन्द दरों को दस्तक दें, कुछ लोग बुलाएँ
रात-रातभर रोने का माहौल बनाएँ

नये ख़यालों के दरवाज़े बन्द हुए
उसकी बातें, फिर उसकी यादें बन जाएँ

अब तो इस ख़ालीपन में दम घुटता है
जल्दी से छुट्टी हो जाए, घर को जाएँ

अब के बरस शहर-ए-दिल में सन्नाटा है
हरदम   करता   रहता   है   सांय-सांय

(141)

अपनी वहशत का कुछ अन्दाज़ा लगाया जाए
फिर किसी शहर को वीराना बनाया जाए

कब तलक सूरत-ए-तस्वीर[1] रहेंगे हम लोग
उसकी दीवार का सर से कभी साया जाए

पहले उस शोख़ को गुमराह किया करते हैं
फिर ये कहते हैं उसे राह पे लाया जाए

अक़्ल कहती है कि शानों[2] पे ये सर भारी है
दिल की ज़िद है कि यही बोझ उठाया जाए

पूछते रहिए यूँ ही उसके जुनूँ को सबसे
जो कभी दश्त-ओ-जबल[3] में भी न पाया जाए

---

1. तस्वीर की तरह   2. कन्धों   3. जंगल और पर्वत

(142)

तेरे जमाल[1] में गुम हैं, तेरे ख़याल में गुम
हमें भी देखिए रहते हैं किस कमाल में गुम

कोई किसी की तरफ़ देखता नहीं है यहाँ
हुई है ख़ल्क-ए-ख़ुदा अपने ही जमाल में गुम

ये दर्द-ए-दिल कोई कार-ए-जुनूँ नहीं करता
कि हो गया है किसी साअत-ए-मलाल[2] में गुम

हमें तो दूर की अब सूझती नहीं भाई
कि हो गए है फ़क़त माज़ी[3] और हाल[4] में गुम

कोई कहीं पे भी महफ़ूज़ अब नहीं शायद
सो लोग हो गए तेग़-ओ-सिनाँ[5] में ढाल में गुम

---

1. सौंदर्य 2. दुख का क्षण 3. अतीत 4. वर्तमान 5. तलवार और भाला

$$(143)$$

मेहरबाँ आज मुझ पर हुआ कौन है
तू नहीं है तो फिर ये बता कौन है

अब भी बेदार[1] है मेरा शहर-ए-हवस[2]
दिल-बियाबान में बोलता कौन है

सब हिकायत-ए-माज़ी[3] भुला दी गई
तेरे ग़म को मगर भूलता कौन है

उसकी सूरत की तमसील[4] मुमकिन नहीं
मौज-ए-आब-ए-रवाँ[5], आइना कौन है

गा रहा है कोई ताइर-ए-खुशबयाँ[6]
सब भले हैं यहाँ पर, बुरा कौन है

ग़म न कर जिसको जाना है, जायेगा वो
दिल-जहाँ में हमेशा रहा कौन है

वो भी ख़ामोश है, मैं भी ख़ामोश हूँ
दरमियाँ आज फिर आ गया कौन है

---

1. जाग्रत 2. लालसा का नगर 3. अतीत की कथाएँ 4. उपमा 5. बहते हुए पानी की तरंग 6. मधुरभाषी पक्षी

(144)

दुनिया से न कुछ इसकी मोहब्बत से मिला है
ये रंज मुझे तेरी इनायत से मिला है

ग़म है तो इसी बात का, अब ग़म नहीं कोई
ये ज़ख़्म भी ग़मख़ाना-ए-उल्फ़त[1] से मिला है

पहले तो किसी ने कभी पूछा नहीं अहवाल
अब जो भी मिला है, वो शराफ़त से मिला है

अब किसको बतायेगा भला राज़ की बातें
आईना भी उस शख़्स की सूरत से मिला है

कुछ भी नहीं मिलता तो न होता कोई अफ़सोस
अब जो भी मिला है मेरी क़िस्मत से मिला है

---

1. प्रेम के शोक का घर